리더라면
한번은
만나게 될
이슈들

리더라면
한번은 만나게 될 이슈들
조직문화 전문가의 친절한 리더십 수업

2023년 1월 10일 초판 1쇄 발행
2024년 6월 28일 초판 7쇄 발행

지 은 이 │ 예지은
펴 낸 곳 │ 삼성글로벌리서치
펴 낸 이 │ 김원준
출판등록 │ 제1991-000067호
등록일자 │ 1991년 10월 12일
주　　　소 │ 서울특별시 서초구 서초대로74길 4(서초동) 삼성생명서초타워
전　　　화 │ 02-3780-8213(기획), 02-3780-8084(마케팅)
이 메 일 │ sgrbooks@samsung.com

ⓒ 예지은 2023
ISBN │ 978-89-7633-122-9 03320

리더라면
한번은
만나게 될
이슈들

조직문화 전문가의
친절한 리더십 수업

예지은 지음

삼성글로벌리서치

리더십 여정에 오르며

'과연 리더십에 정답이 있을까?'

20년 가까이 리더십과 조직문화를 연구하면서 품어온 저의 오래된 고민입니다. 직원들에게 폭언을 하거나 무자비하게 밀어붙여 성과를 내는 사람이 오랜 시간 동안 리더의 자리에 있기도 하고, 후배들의 존경을 한 몸에 받는 사람이 오히려 고위직 리더가 되지 못하고 본인의 의지와 무관하게 회사를 떠나기도 합니다. 그러다 보니 일반적으로 회자되는 '훌륭한 리더의 조건'은 이론으로만 존재하는 것이 아닌가 하는 회의감이 들기도 합니다.

어떤 이는 다른 건 필요 없고 성과를 잘 내는 사람이 무조건 훌륭한 리더라는 논리를 펴기도 합니다. 성과가 높아야 직원들이 더 많은 보상(인센티브)을 받고, 힘들게 일해야 배우는 것도 많으니 결국은 직원들에게 이익이라는 겁니다. 이들은 대부분 성과를 내는 과정에는 별 관심을 두지 않습니다. 과도한 업무량 때문에 직원들이 번아웃되거나 일하는 과정에서 모욕적 언사를 들어 정신적으로 피폐해져도 성과만 잘 나오면 모든 게 아름답게 마무리된다고 생각합니다. 그러면서 이렇게 얘기합니다. 그런 고생 덕분에 성과가 만들어진 것이라고 말이죠. 이것을 리더의 '단기성과주의'라는 한마디로 가볍게 표현하고 싶지는 않습니다. 그러기에는 직원들에게 미치는 영향이 너무나 크기 때문입니다.

정현종 시인이 〈방문객〉이라는 시에서 말한 것처럼 "사람이 온다는 건 실은 어마어마한 일"입니다. 그 사람의 과거와 현재와 미래가, 즉 한 사람의 일생이 온다는 시인의 말에 저는 매우 공감합니다. 하물며 잠자는 시간을 제외하고 하루의 거의 절반을 함께 보내는 직장에서 리더와 직원의 관계라면 더 말할 필요도 없겠지요.

그럼 다시 처음의 질문으로 돌아가, 과연 리더십에 정답이 있는 걸까요? 만약 리더십에 정답이 있다면 그것은 '어디에서나, 누구에게나 변함없이 통용되는 리더의 생각과 행동이어야 할 겁니다. 그러나 리더십은 리더 개인을 넘어 직원이라는 대상과 조직이라는 환경이 함께 상호작용하는 과정에서 나타나는 것이기 때문에 모든 상황에 통용되는 단 하나의 정답이 있다고 보기는 어렵습니다.

그러나 리더십에 정답이 없다는 것이 '어떤 리더십을 발휘하건 그것은 리더의 몫'이라는 의미는 아닙니다. 리더십에 정답(正答)은 없지만 정도(正道)는 있습니다. 직원들을 인격적으로 대하고 존중하며 그들의 의견과 고충에 귀를 기울이고 그들이 일을 더 잘할 수 있도록 도와주는 것은 어떤 상황에서도 변함없이 지켜져야 하는 '리더십의 정도(正道)'입니다. 반면 성과를 내기 위해 수단과 방법을 가리지 않거나 직원들의 신체적·정신적 건강을 해칠 정도로 과중한 업무를 부과하는 것, 또 리더가 일을 부여하고 결과가 어찌 되든 방관만 하는 것은 당연히 리더십의 정도에 어긋나는 일입니다.

여기까지 말씀드리고 나니 '그걸 누가 모르나? 말은 쉽지만 방법을 잘 모르겠다'라고 하는 이야기가 귓가에 들리는 듯합니다. 바로 그 지점에 어려움이 있을 터입니다.

리더는 매일 조직에서 다양한 이슈에 직면하게 되고, 그때마다 그것을 잘 풀어나가야 합니다. 이것은 리더십의 정도라는 큰 길에 들어서는 것만으로는 해결하기 어려운 문제이며, 따라서 리더십이란 실제로 이 길을 걸어가는 방법에 대한 이야기일 것입니다. 다행인 것은 많은 리더가 리더십의 정도를 걸으며 비슷한 고민을 하고 있다는 점입니다. 리더들의 그 여정에 작으나마 도움이 되고자 이 책《리더라면 한번은 만나게 될 이슈들》을 발간하게 되었습니다.

이 책은 모두 4개의 장으로 이루어져 있습니다. 〈제1장 리더십은 단단한 나로부터〉는 리더십의 정도를 잘 걸어가기 위해 리더 스스로 정비해야 할 부분을 정리했습니다. 〈제2장 직원들이 기꺼이 일하도록 하려면〉에서는 직원들이 마음을 다해 '기꺼이' 일할 때 리더와 조직이 함께 성장할 수 있다는 믿음으로 그 구체적 방법에 대해 기술했습니다. 〈제3장 맞춤형 리더십이 필요할 때〉에서는 다양한 상황과 직원들을 대하는 과정에서 어떻게 하면 더 효과적인 리더십을 발휘할 수 있을지 정리했습니다. 마지막으로 〈제4장 성과를 넘어 문화를 만드는 리더〉에서는 단기적 성과관리를 넘어 직원들이 지속적으로 성과를 창출하는 조직문화를 만들기 위해 리더는 무엇을 해야 하는지에 대해 써보았습니다.

이 책에 담긴 내용은 ㈜멀티캠퍼스의 지식플랫폼 SERICEO에서 제가 약 5년 동안 〈이슈 리더십〉이라는 프로그램을 진행하며 고민한 흔적이자 결과물입니다. 이 책의 출발점을 만들어주고 긴 시간 동안 프로그램을 함께 해온 멀티캠퍼스 강선민 피디님과 조나래 피디님에게 감사를 전합니다. 그리고 낱장의 원고들이 한 권의 책으로 엮이기까지 조언과 격려를 아끼지 않고 애써주신 삼성글로벌리서치 출판팀에도 깊이 감사드립니다.

마지막으로 많은 유혹에도 불구하고 어떻게 하면 리더십의 정도를 벗어나지 않고 그 길을 더 잘 걸어갈지 매 순간 고민하고 계실 리더들에게 이 책이 조금이라도 도움이 되기를 진심으로 바랍니다.

2023년 1월
예지은

제2장 | 직원들이 기꺼이 일하도록 하려면

제3장 | 맞춤형 리더십이 필요할 때

제4장 │ 성과를 넘어 문화를 만드는 리더

리더십은
단단한
나로부터

리더십은 리더 자신의 내면을 단단히 하는 데에서 시작합니다.
평소 자기 자신을 잘 돌보는 리더라면 예기치 못한 상황에 직면하거나
슬럼프에 빠지는 등 어려운 상황에 처했을 때에도 잘 이겨낼 수 있습니다.
신체적 건강을 유지하고 부정적 감정을 통제하며 리더십 스타일을
수시로 점검하는 것 등이 모두 중요한 자기관리의 영역이라 할 수 있습니다.
제1장에서는 자기관리를 위해 리더가 주의를 기울여야 할
부분에 대해 알아보겠습니다.

성격 나쁜 리더,
알고 보니 문제는 '뇌'?

: 휴브리스 증후군 극복하기 :

조직에서 리더의 자리에 오르는 것은 쉬운 일이 아닙니다. 대부분의 경우, 이전부터 많은 성과를 낸 이들, 곧 고성과자들이 리더가 되죠. 오랜 시간과 이루 말하기 어려운 노력이 들어갔을 겁니다.

그런데 이렇게 고성과자가 리더가 되고 직원들에 대한 통제권과 영향력, 즉 파워를 갖게 되면 자신도 모르는 사이에 내면에 있던 휴브리스(hubris), 곧 과도한 자신감 내지 오만함이 고개를 내밀 수 있습니다. 다른 사람의 의견을 무시하고 자신의 생각만 고집하거나 거만한 태도를 보일 가능성이 높아진다는 겁니다.

신경정신과 의사이자 영국 외무장관을 지낸 데이비드 오웬(David Owen)은 휴브리스 증후군(hubris syndrome)을 '성공을 하고 파워를 갖게 된 리더에게 생기는 후천적 성격장애'라고 정의했습니다.[1] 물론 리더가 되었다고 모두 휴브리스 증후군에 빠지는 것은 아닙니다. 그러나 만약 당신이 리더라면, 정도에 따라 차이는 있겠으나 휴브리스 증후군에서 완전히 자유로울 수는 없습니다.

스스로 파워를 가지고 있다고 인식하면 이전과는 다른 호르몬이 뇌에서 분비된다는 것이 여러 연구를 통해 밝혀진 바 있습니다. 호르몬 중에서도 특히 테스토스테론과 도파민의 분비가 증가하는데, 이 때문에 더 높은 목표와 경쟁에 집중하게 되고 다른 사람에 대한 공감능력은 떨어지게 됩니다.[2]

리더가 되니 뇌가 달라졌다!

스스로 파워를 가졌다고 느낄 때 실제로 뇌세포의 작동이 어떻게 달라지는지를 보여주는 연구도 있습니다. 윌프리드로리에대학교 제러미 호게빈(Jeremy Hogeveen) 교수는 '거울뉴런(mirror neuron)'에 관한 연구를 통해 파워와 공감능력의 관계를 입증했습니다.[3]

'거울뉴런'이란 상대방의 행동을 보기만 해도 마치 자신이 그 행동을 하는 것처럼 활성화되는 신경세포입니다. 영화에서 슬픔에 빠진

　　　　　　　제1장 • 리더십은 단단한 나로부터

주인공을 보며 같이 눈물을 흘린다든지, 다른 사람이 신 레몬을 먹는 것만 봐도 마치 내가 레몬을 먹는 것처럼 침이 고이는 것은 모두 거울뉴런의 반응입니다. 그래서 거울뉴런을 '공감의 뇌세포'라고 부르기도 합니다.

호게빈 교수 연구팀은 먼저 45명의 실험 참가자를 임의로 3개의 집단, 즉 높은 파워 집단, 중립 집단, 낮은 파워 집단으로 나누었습니다. 그리고 각 집단에 다른 어떤 경험을 떠올리며 글을 써보라고 요청했습니다. 먼저 높은 파워 집단에는 내가 다른 사람에게 무엇인가를 지시했거나 통제를 가했던 경험을 생각하며 글을 쓰도록 했습니다. 또 중립 집단에는 어제 있었던 일상적인 일들을 써보라고 했고, 낮은 파워 집단에는 다른 사람이 나에게 파워를 행사했던 경험을 떠올리며 글을 써달라고 요청했습니다.

그런 다음, 글쓰기를 마친 참가자들에게 특정 비디오 화면을 반복해서 보여주었는데, 그것은 한 사람이 고무공을 찌그러뜨리는 모습이었습니다. 호게빈 교수 연구팀은 이를 통해 각 참가자의 거울뉴런이 얼마나 활성화되는지를 알아냈습니다.

조사 결과, 높은 파워 집단은 거울뉴런이 거의 활성화되지 않았습니다. 반면, 낮은 파워 집단은 거울뉴런이 매우 활성화돼 자신이 고무공을 찌그러뜨리고 있을 때와 유사한 뇌 반응을 보였습니다. 즉 높은 파워 집단은 뇌에서 공감활동이 별로 일어나지 않았다는 것입니다. 이를 토대로 연구팀은 자신이 파워를 행사했던 순간을 떠올리는 것만으로도 거울뉴런의 활동이 둔화되고 공감능력이 떨어진다는 결론을 내렸습니다.

공감능력을 높여주는 질문법

다양한 구성원을 이끌어야 하는 리더에게 공감능력은 필수적입니다. 그런데 리더가 되고 영향력이 커져감에 따라 오히려 공감능력이 떨어진다면 문제가 아닐 수 없죠. 따라서 리더는 직원들의 이야기를 경청하고 그들의 생각과 상황을 이해하기 위해 의식적으로 더 많은 노력을 기울여야 합니다.

그 방법 중 하나로, 조직문화 분야의 석학 에드거 샤인(Edgar Schein)은 '겸손한 질문(humble inquiry)'을 활용하라고 조언했습니다.⁴ 그는 겸손한 질문을 '사람에 대한 관심(interest)과 자신이 모르는 것에 대한 궁금증(curiosity)을 가지고 상대방에게 질문함으로써 사람을 끌어당기는 기술'이라고 정의했습니다. 이 두 가지가 바로 상대방과 공감하기 위한 전제조건이라는 것입니다.

먼저 사람에 대한 관심이 필요합니다. 어떤 일이 일어났을 때 사건에 초점을 맞추기보다 지금 이 상황을 겪고 있는 직원의 마음은 어떨지, 이 일이 그에게 어떤 영향을 미칠지를 먼저 헤아려야 진심 어린 공감이 가능해집니다.

이는 접시가 깨지는 소리가 들렸을 때 달려가 접시가 아닌 사람을 먼저 살피는 것과 같은 이치입니다. 접시가 얼마나 비싼 것인지, 깨졌는지 안 깨졌는지가 아니라 이 사람이 다친 데는 없는지, 놀라지는 않았는지를 먼저 물어봐야 합니다. 일견 당연한 이야기로 들리지만 어떤 일이 일어났을 때 우리는 사람의 상처보다 일의 손익을 먼저 따지는 리더를 자주 목격하게 됩니다. 그러나 리더라면 무슨 일이 있어도 '깨진 접시'가 아닌 '사람'에게 먼저 관심을 두어야 합니다. 그리고 일이 일어나는 그 찰나의 순간에 이런 마음을 갖기 위해서는 무엇보다도 직원을 먼저 생각하는 진심이 마음속에 항상 자리 잡고 있어야 합니다.

두 번째로 리더는 자신이 무엇을 잘 모르고 있는지 제대로 인식하고 그것을 궁금해하는 호기심이 있어야 합니다. 그래야 물어보고 듣고 공감할 수 있습니다. 반면 직원이나 일에 대해 궁금한 것이 없는 리더는 질문을 던지지도 않고 상황을 이해하려는 노력 또한 하지 않습니다. 이런 리더들은 어떤 사건이 발생했을 때 자신의 머릿속에 있는 정보로 일단 퍼즐을 맞춘 후 '내가 이럴 줄 알았어' 하고 제 스스로 결론을 내려버립니다. 잘 맞춰지지 않는 퍼즐 조각이 있어도 더 깊이 알아보려고 하지 않습니다. 이렇게 되면 공감은커녕 사실 확인조차 어렵게 되고 직원과의 거리는 더 멀어질 것입니다.

UC버클리의 대커 켈트너(Dacher Keltner) 교수는 이와 관련해 '파워 패러독스(power paradox)'를 언급합니다.[5] 리더는 위로 올라가면서 파워를 갖게 되지만 반대로 그 파워 때문에 추락할 수도 있다는 이야기죠. 파워와 함께 찾아오는 휴브리스를 당연하게 받아들일 것인지, 아니면 직원들에 대한 관심과 궁금증을 품고 공감능력을 높이기 위해 노력할 것인지는 온전히 리더의 선택에 달려 있습니다.

휴브리스의 기원

'휴브리스'라는 말은 영국의 역사학자이자 문명비평가인 아널드 J. 토인비 (Arnold Joseph Toynbee)가 역사 해석학 용어로 쓰면서 유명해졌습니다. 신의 영역까지 침범하려는 정도의 오만을 뜻하는 그리스어에서 유래한 용어로, 지나친 오만, 자기 과신, 오만에서 생기는 폭력 등을 의미합니다.

토인비는 역사가 창조적 소수에 의해 바뀌어가지만, 일단 역사를 바꾸는 데 성공한 창조적 소수는 과거에 일을 성사시킨 자신의 능력이나 방법을 지나치게 믿어 우상화의 오류를 범하기 쉽다고 보았습니다. 즉 자신의 과거 성공 경험을 과신하고 자신의 능력 또는 자신이 과거에 했던 방법을 절대적 진리로 착각해 실패하는 경우가 있는데, 이를 토인비는 휴브리스로 규정했습니다.

이후 휴브리스는 역사 해석학 용어로 그치지 않고, 세상이 어떻게 바뀌었든 상관없이 자신이 과거에 했던 방식대로 일을 밀어붙이다가 실패하는 사람들의 오만을 일컫는 용어가 되었습니다.

자료: 《두산백과》 참고.

웨이크업 콜이 울렸을 때

: 위기 징후에 대처하는 법 :

보통 한 번의 대형사고가 일어나기 전에는 29번의 경미한 사고가 있고, 그 이전에는 약 300번의 이상징후가 있다고 합니다. 익히 알려져 있는 하인리히의 법칙(Heinrich's law)입니다. 미국의 한 보험회사 직원이었던 하인리히가 산업재해가 발생하는 과정을 연구하다가 발견한 것으로, '1:29:300의 법칙'이라고도 합니다. 여기서 중요한 점은 1, 29, 300 등의 숫자가 아니라 대형사고 이전의 경미한 사고들, 그리고 그 전에 수백 번이나 나타나는 이상징후를 감지할 능력이 있느냐 하는 것입니다.

이는 꼭 외부에서 발생하는 대형사고에 국한된 얘기가 아닙니다.

한 개인에게도 적용할 수 있습니다. 내 주변에서 이상징후들이 끊임없이 신호를 보내고 있는데도 정작 나는 알아채지 못하고 있지는 않을까요? 또는 애써 모르는 척 외면하고 있는 것은 아닐까요? 이렇게 나에게 무엇인가 잘못되고 있다는 메시지를 던져주는 것을 가리켜 '웨이크업 콜(wake-up call)'이라고 합니다.

일상에서의 웨이크업 콜

일상생활에서 가장 먼저 감지되는 웨이크업 콜은 보통 몸에서 시작됩니다. 두통이나 요통같이 전에 없던 통증이 생기거나, 평소와 똑같이 잠을 잤는데도 아침에 일어나기 어려울 정도로 피로감을 느끼게 됩니다. 또 갑자기 식욕이 떨어진다든지 가족과 사소한 말다툼이 잦아지기도 합니다. 다투고 나서 화해하려는 노력을 하기가 귀찮을 때도 있죠. 혹시 요즘 이런 일을 겪고 있지는 않나요? 이런 것들이 바로 우리 몸에서, 우리 일상에서 무엇인가 잘못되고 있다는 신호, 즉 웨이크업 콜입니다.

웨이크업 콜은 처음에는 약하게 시작됩니다. 약간 불편하게 느껴지는 작은 통증이나 같이 놀아달라는 자녀의 투덜거림 정도는 대수롭지 않게 넘기는 경우가 많죠. 일이 몰려서 정신없는 이 순간만, 이번 주만, 이번 프로젝트만 끝나면 모든 것이 회복될 것처럼 느껴지기도 합니다. 하지만 이런 상황이 계속되면 웨이크업 콜의 볼륨이 더욱 커질 수 있습니다.

따라서 이런 웨이크업 콜을 처음 받았을 때, 바로 그때 잠시 멈추어 자신과 주변을 돌아보아야 합니다. 어깨 통증이 심해져도 "요즘 몸이 좀 뻐근하네" 하고 가볍게 넘기고, 가족들과 점점 더 서먹해지고 있는데도 "요즘 바빠서 시간 내기가 어렵네" 하고 쉽게 생각해서는 안 됩니다. 웨이크업 콜을 무시한 채 시간을 흘려보내면 그다음에는 아예 회복할 기회를 붙잡을 수 없을지도 모릅니다.

직장에서의 웨이크업 콜

그래도 일상에서의 웨이크업 콜은 통증이 있다거나 사람들과의 관계가 멀어지는 등 잘못됐다는 메시지가 비교적 확실합니다. 그러나 직장에서의 웨이크업 콜은 그것이 정말로 웨이크업 콜인지 메시지를 판별하기가 쉽지 않습니다.

유니레버(Unilever)의 전 회장 니얼 피츠제럴드(Niall Fitzgerald)가 세제사업부를 맡고 있을 때의 일입니다. 니얼이 진두지휘하며 개발한 새로운 세제가 처음에는 시장에서 큰 인기를 끌었습니다. 매출도 계속 증가세였죠. 그런데 얼마 지나지 않아 좋지 않은 징후가 하나둘 나타났습니다. 제품에 대한 불만 접수가 늘어났고, 설상가상 세제가 옷감을 손상시킬 수 있다는 연구결과까지 발표되었습니다. 이후 부정적 언론보도들이 쏟아져 나왔죠.

여러분이라면 이런 상황에서 어떻게 대응하시겠습니까? 당연히 세제의 성분을 먼저 확인하고 개선책을 논의하는 것이 순서일 겁니다. 그러나 니얼은 그렇게 하지 않았습니다. 그는 이 모든 사건을 '경쟁사의 음모'로 규정 짓고는, 직원들에게도 흔들림 없이 하던 대로 계속하라고 지시했습니다. 결국 매출이 급격히 떨어졌고 니얼에게 우호적이던 사람들까지 등을 돌리기 시작했습니다.

상황이 이렇게 될 때까지 아무 일도 없었을까요? 그렇지 않습니다. 니얼에게는 여러 번의 웨이크업 콜이 있었습니다. 고객의 불만이 증가하고 부정적 언론보도가 나오고 매출이 떨어졌죠. 하지만 니얼은 그 가운데 어느 하나에도 귀를 기울이지 않았습니다.

누구에게나 지나고 보면 "그때 내가 왜 그랬지, 정말 제정신이 아니었어" 하는 순간이 있습니다. 그러나 이런 생각은 시간이 지나고 모든 상황이 끝난 뒤 드는 생각일 뿐, 다시 그 시점으로 돌아간다고 해도 객관적으로 상황을 잘 판단할 것이라고 장담하기는 어렵습니다. 이럴 때는 한발 떨어져 상황을 더 객관적으로 볼 수 있는 사람에게 도움을 청할 필요가 있습니다. 나의 눈을 가리고 있는 편견이나 예상되는 손실, 비이성적 경쟁심 등을 거두고 상황을 제대로 판단할 수 있는 시각을 가져야 하는 것이죠. 그래서 평소 자신의 의사결정이나 의견에 대해, 다소 듣고 싶지 않은 말일지라도 객관적 시각에서 피드백을 해줄 수 있는 사람을 가까이 두어야 합니다. 그래야 주변에서 들려오는 웨이크업 콜을 보다 잘 듣고 상황을 냉철하게 파악하여 대응할 수가 있습니다.

웨이크업 콜은 큰 사고를 막아주는 '선물'과도 같습니다. 그러나 누구에게나 그렇지는 않습니다. 들릴 듯 말 듯한 작은 신호를 민감하게 감지할 수 있는 사람, 나의 의견에 반대하는 목소리에도 기꺼이 귀를 기울이는 사람에게만 웨이크업 콜은 진정한 선물이 되어줄 것입니다.

웨이크업 콜 체크하기

당신이 일에만 몰두한 사이 주변에서는 이미 여러 차례 웨이크업 콜이 울렸는지도 모릅니다. 혹시 미처 알아차리지 못한 웨이크업 콜은 없는지 주변을 돌아보며 체크해보시기 바랍니다.

☑ 일상에서의 웨이크업 콜

예) 건강 적신호, 불면증, 불안감, 가족/친구와 거리감 등

☑ 직장에서의 웨이크업 콜

예) 동료의 조언, 직장 내 갈등, 비이성적인 의사결정 등

감정을 객관화하는 방법

: 리더의 감정 관리 :

리더로서 직장생활을 하다 보면 말도 안 되는 실수를 한 직원 때문에 화가 폭발할 때도 있고, 직속 상사로부터 좋지 않은 얘기를 들어 한없이 비참해질 때도 있습니다. 때로는 무엇인가를 이루었다는 뿌듯함에 그간의 고생이 눈 녹듯 사라지기도 합니다. 이런 극심한 감정 변화가 롤러코스터처럼 직장생활 내내 반복됩니다.

그런데 조직에서 리더의 감정은 혼자 화나고 아프고 뿌듯한 것으로 끝나지 않습니다. 특히 리더가 분노나 불안감 등 부정적 감정(negative emotion)을 겪으면 그것이 직원들에게 증폭되어 전해지는 경우가 많습니다. 당연히 조직 전체의 분위기에도 큰 영향을 끼치게 되죠.

스스로를 한번 돌아볼까요? 과연 나는 '나의 감정'을 잘 알고 관리하는 리더입니까? 사람들은 대부분 자신이 시시각각 느끼는 감정을 잘 안다고 생각합니다. 하지만 그건 착각일 가능성이 매우 높습니다. 한 연구에 따르면 실제로 자신의 감정을 제대로 파악하고 있는 사람은 10~15%에 불과하다고 합니다.[6]

나는 보틀러인가? 브루더인가?

내가 스스로의 감정을 어떻게 관리하고 있는지 알아보기 위해 다음과 같은 상황을 한번 가정해볼까요?

중요한 과제를 추진 중인데 계획대로 잘 진행되고 있지 않습니다. 회의 시간에는 옆 부서 팀장과 의견 차이로 논쟁을 벌이다가 큰소리까지 오갔습니다. 만약 내가 이런 상황에 처해 있다면 어떻게 하시겠습니까? 다음 두 가지 보기 중 하나를 선택해보세요.

① 화가 났던 감정을 잊기 위해 의식적으로 다른 일에 몰두하거나 다른 사람을 만나 시간을 보낸다.
② 혼자 화가 났던 상황을 곱씹으며 하나하나 처음부터 다시 따져본다.

하버드대학교 수전 데이비드(Susan David) 교수는 자신의 감정에 대응하는 두 가지 유형을 '보틀러(bottler)'와 '브루더(brooder)'로 구분했습니다. 앞의 상황에서 ①번을 선택한 사람은 보틀러, ②번을 선택한 사람은 브루더입니다.[7]

먼저 보틀러에 대해 알아보겠습니다. 보틀러는 '병에 담아놓는 사람'이라는 뜻입니다. 자신의 감정을 병 속에 밀어 넣고 애써 외면함으로써 그 감정에서 벗어나려고 합니다. 누군가 그 일에 관해 이야기를 하려 하면 입을 막아버립니다. 그런데 여기에는 문제가 있습니다. 어떤 생각이나 감정은 그것을 무시하면 할수록 더욱 증폭되는 경향이 있기 때문입니다.

이는 심리학자 대니얼 웨그너(Daniel Wegner)의 유명한 실험, '흰곰 효과(The white bear effect)'에서도 확인할 수 있습니다. 그는 대학생들을 A와 B 두 팀으로 나누어 5분 동안 머릿속에 떠오르는 단어를 소리 내어 말하게 했습니다. 단, A팀에는 "흰곰을 생각하지 말라"라고 요청했고, B팀에는 "흰곰을 생각해도 된다"라고 말했습니다. 그리고 두 팀 모두 흰곰이 떠오를 때마다 앞에 놓인 벨을 누르게 했습니다.

결과는 어땠을까요? 놀랍게도 흰곰을 생각하지 말라고 요청받은 A팀이 B팀보다 벨을 더 많이 누른 것으로 나타났습니다. 즉 A팀이 그만큼 흰곰을 더 많이 떠올렸다는 겁니다.

이렇게 사람은 무엇을 생각하지 않으려고 하면 할수록 역설적으로 그것을 더 많이 떠올리게 됩니다. 그렇다면, 앞서 언급한 보틀러는 자신이 감정을 외면함으로써 통제하고 있다고 여기지만 사실은 그게 아닌 것입니다. 따로 떼어 병에 담아놓았다고 생각하지만 사실은 자신의 마음속에 그 감정들을 차곡차곡 쌓아놓고 있는 겁니다. 이렇게 쌓인 감정은 아주 작은 자극에도 한순간에 폭발해버릴 수 있는데, 심리학에서는 이를 '감정의 누출(emotional leakage)'이라고 합니다.

주변에서 말도 안 되게 사소한 일로 헤어진 연인을 종종 보게 됩니다. 하지만 사실 그들은 그 사소한 일 때문이 아니라 이전에 쌓인 수많은 섭섭함과 원망의 결과로 갈라섰을 가능성이 큽니다. 그 사소한 일이란 그동안 누적된 감정을 '톡' 건드려준 트리거에 불과했던 것이죠. 결론적으로 보틀러는 내 감정을 관리하는 좋은 방법이 아닙니다.

그렇다면 2번 브루더는 어떨까요? 브루더는 자신의 감정을 '끌어안고 곱씹는 사람'을 뜻합니다. 이들은 화가 나는 일이나 자신이 받은 상처를 생각하고 또 생각합니다. 과거에 일어난 사건을 곱씹고 후회하고 걱정하며 여기에 사로잡혀 좀처럼 헤어나지 못하는 경우가 많습니다.

또 브루더들은 가까이 있는 사람에게 끊임없이 자신의 부정적 경험과 감정을 털어놓아 상대방을 지치게 만들기도 합니다. 우리 주변에도 한 사람쯤 이런 사람이 꼭 있게 마련이죠. 심지어 이를 일컫는 용어도 있습니다. '다른 사람과 함께 곱씹는다'고 해서 '코브루딩(co-brooding)'이라고 합니다. 대안에 대한 고민 없이 지나간 사건을 곱씹으며 후회하고 자책하는 브루딩도 당연히 감정을 건강하게 관리하는 방법은 아닙니다.

감정 레이블링: 내 감정의 이름은?

우리는 보통 감정을 통제의 대상으로 봅니다. 그래서 '감정통제 (emotion control)'라는 말을 많이 쓰죠. 그런데 사실 감정은 통제의 대상이 아닙니다. 감정은 일종의 신호입니다. 이 상황을 처리해달라는 신호를 나에게 끊임없이 보내고 있는 것이죠. 그래서 감정은 통제가 아니라 '꺼내놓고 객관화해서 살펴보는 대상'이어야 합니다.

나의 감정을 객관화해서 보는 첫 번째 방법은 레이블링(labeling)입니다.[8] 레이블링은 내가 지금 느끼는 감정이 화가 난 건지, 슬픈 건지, 불안한 건지 객관적으로 이름을 붙여 살피는 것입니다. 예를 들어 일이 잘 안 풀려서 스트레스를 받는다고 느낄 때 이 감정이 미래를 걱정하는 '불안감'인지, 능력이 부족하다고 느끼는 데서 오는 '좌절감'인지를 파악하는 것이 중요합니다. 감정에 이름을 붙인다는 것은 그 실체에 더 가까이 다가간다는 의미입니다. 내가 나의 감정을 정확히 파악할 때 비로소 상황에 적절히 대응할 수 있습니다.

그래서 감정을 표현하는 단어를 많이 알면 알수록 도움이 됩니다. 연구에 따르면 '불안감'이라는 감정의 카테고리에는 두려움, 혼란, 걱정, 긴장감 등 다양한 감정이 포함되어 있습니다. 그래서 '불안하다' 보다는 '걱정되다'가 더 구체적인 레이블링이라고 할 수 있습니다. 아울러 레이블링한 감정의 강도를 1부터 10까지 척도로 표시해보면 내가 느끼는 감정을 보다 정확히 인식할 수 있습니다.

감정과 경험을 글로 써보기

감정을 객관화하는 또 하나의 방법은 나의 감정과 이를 둘러싼 상황을 글로 쓰는 것입니다. 먼저, 글 쓰는 시간을 20분으로 정하고 노트나 컴퓨터에 내가 경험한 일을 적습니다. 글씨가 반듯하지 않아도 되고 문장이 정확하지 않아도 괜찮습니다. 다 쓴 다음 꼭 저장할 필요도 없습니다. 중요한 것은 내 마음에 있는 무언가를 밖으로 꺼내놓았다는 사실입니다.

이렇게 내 안의 감정을 나와 분리하는 과정을 거치면 상황을 조금 더 객관적으로 바라볼 수 있게 됩니다. 또 나의 감정을 촉발한 자극(stimulus)과 나의 반응(response) 사이에 거리가 생겨 감정에 휘둘리지 않고 이후 나의 행동을 조금 더 냉정하게 결정할 수 있습니다.

리더의 주변에는 보살펴야 할 것이 많습니다. 그래서 리더가 필요한 것이겠죠. 그러나 그 전에 내 안에 있는 것부터 잘 보살펴야 합니다. 잠시 기다리라고 따로 병 속에 넣어놓거나(보틀러), 너덜너덜해질 때까지 곱씹으며 자책하는 것(브루더)은 나를 제대로 보살피는 방법이 아닙니다. 주변을 보살필 힘을 얻기 위해서라도 나 스스로를 먼저 돌보시기 바랍니다.

제1장 • 리더십은 단단한 나로부터

다양한 감정의 스펙트럼

자신의 감정을 스스로 인식하는 것은 매우 중요합니다. 여러분은 지금 어떤 감정을 느끼고 있나요? 아래의 '정서 원형 모형'에 나타난 16개의 감정 중 지금 여러분이 느끼는 감정을 찾아보면서 스스로를 살펴보시기 바랍니다.

· 정서 원형 모형 ·

자료: Russell, J. A., & Barrett, L. F. (1999). "Core Affect, Prototypical Emotional Episodes, and Other Things Called Emotion: Dissecting the Elephant". *Journal of Personality and Social Psychology*, 76(5), 805.

위기, 있는 그대로 보기

: 슬럼프 극복을 위해 해야 할 세 가지 :

아무리 훌륭한 리더라도 항상 성공할 수는 없습니다. 때때로 위기를 겪게 마련이죠. 그런데 '산이 높으면 골이 깊다'라는 말처럼 평소 성과가 높았던 사람일수록 작은 실패로 인해 깊은 슬럼프에 빠지는 경우가 많습니다.

사람들이 성공을 누릴 때는 모두 비슷한 모습으로 열정을 다해 일하지만 슬럼프에 빠졌을 때는 제각기 다른 모습을 보입니다. 이때 누군가는 좌절감 때문에 더 깊은 수렁으로 빠져들고, 또 누군가는 재정비를 마친 후 당당히 슬럼프에서 걸어 나옵니다. 그리고 이후 그들이 가는 길은 확연히 달라지죠. 결국 리더의 성패는 이 슬럼프를 어떻게 극복하느냐에 달려 있다고 해도 과언이 아닐 겁니다.

확대해석은 금물, 좋은 기억 떠올리기

슬럼프를 극복하는 데 가장 필요한 것은 현재 자신에게 닥친 위기를 과대평가하지 말고 딱 사실 그대로만 받아들이는 것입니다. 다른 사람이 위기를 겪을 때는 별거 아닌 것처럼 생각되다가도 정작 나에게 그런 일이 닥치면 세상이 다 무너진 것처럼 느껴집니다. 주위 모든 사람이 나의 실패를 비웃는 것 같기도 하죠. 그러나 사실 사람들은 남에게 별로 관심이 없습니다. 자신이 처한 상황을 혼자 너무 과대평가하고 있을 뿐이죠. 그래서 상황을 주관적으로 보지 말고 객관적으로, 발생한 사건 그 자체만 보는 시각이 필요합니다.

안타까운 사례이지만 심한 우울증에 시달리는 연예인들 중에는 어떤 사건이 발생했을 때 인터넷 악플을 보며 그 사건을 확대해석하는 경우가 많습니다. 나쁜 생각은 더 나쁜 생각을 낳을 수 있기 때문에, 결국은 모든 사람이 나를 싫어한다는 극단적인 생각에까지 이르게 됩니다. 그러나 막상 나중에 수사 과정에서 '악플러'들의 말을 들어보면 대부분 '별 생각 없이 그랬다'라는 허망한 대답이 돌아올 때가 많습니다.

현재 자신의 감정 상태와 유사한 기억이나 정보를 떠올리며 그 감정을 더욱 강화시키는 것을 두고 '감정일치기억(mood congruent memory)'이라고 합니다.[9] 즉, 우울한 상태에서는 나에게 힘이 되는 좋은 기억보다 과거 안 좋았던 경험들이 더 많이 생각나고 좌절감은 더욱 깊어집니다.

따라서 좋지 않은 상황이 닥쳤을 때는 오히려 좋은 기억을 떠올리려고 노력해야 합니다. 리더의 자리에 오기까지 이룬 성과나 다른 사람들에게 인정받은 순간, 나를 믿고 따른 후배들을 생각하며 마음을 다잡아야 하는 겁니다. 좋은 기억은 긍정적인 감정을 불러옵니다. 이렇게 좋은 기억을 떠올릴 때 우울함의 고리를 끊고 좌절의 늪에서 벗어나 다른 세상의 문을 열고 들어갈 수 있습니다.

재도전의 기회 주기

성공을 이어가던 리더일수록 실패했을 때 자신에게 엄격한 잣대를 들이대서 더 자책하고 더 깊은 절망에 빠지는 경우가 많습니다. 그런데 바로 이런 때일수록 스스로를 격려하고 재도전의 기회를 주는 것이 필요합니다.

유니클로(Uniqlo)의 야나이 다다시(柳井正) 회장은 이런 얘기를 한 적이 있습니다. 출발점인 A지점에서 시작해 목표점인 B지점으로 갈 때 최단거리인 직선 코스로 갈 가능성은 거의 없고, 대부분 직선을 벗어나 지그재그 형태로 B지점에 도달한다는 겁니다. 그런데 여기서 자신이 직선 코스를 벗어나 목표와 멀어졌다는 것을 아는 순간 좌절하고 포기하면 영원히 B지점에는 도달할 수 없게 됩니다. 따라서 오히려 직선 코스에서 벗어났을 때 다시 정상궤도에 오를 수 있도록 스스로에게 재도전의 기회를 주는 것이 중요하다는 얘기입니다.

1993년에 설립되어 '먼지봉투 없는 청소기'로 유명해진 다이슨(Dyson)의 창업자 제임스 다이슨(James Dyson)은 언론 인터뷰에서 무려 5년 동안 5,126번의 실패를 거듭한 끝에 이 제품을 만들어냈다고 말했습니다. 바꾸어 말하면 자신에게 그만큼의 재도전 기회를 준 것입니다.

모든 일은 그 자리에서 포기했을 때, 그때에만 실패로 끝나는 겁니다. 다시 시도하는 순간 실패는 더 이상 실패가 아니라 성공으로 가는 과정이 됩니다. 실패했을 때 이를 종착점으로 만들지, 거쳐가는 정류장으로 만들지는 오로지 스스로의 결정에 달려 있습니다.

점과 점을 연결하기

지금 슬럼프에 빠져 있다면 그 상황을 하나의 분리된 사건이 아닌, 인생의 일부분으로 받아들이는 시각이 필요합니다. 인생에서 일어난 모든 사건을 연결된 것으로 보는 겁니다. 실제로 좋은 사건과 안 좋은 사건은 서로 이어져 있는 경우가 많습니다.

애플의 CEO였던 스티브 잡스(Steve Jobs)는 이를 '점을 연결하기 (connecting dots)'라고 표현했습니다. 잘 알려진 바와 같이 그는 어렸을 때 입양되어 양부모 밑에서 자랐고, 대학에 입학해서는 6개월 만에 중퇴를 했습니다. 그러고 나서 그가 한 일은 흥미를 느끼는 과목을 찾아다니며 청강을 하는 것이었습니다. 바로 그때 그는 캘리그래피와 만나게 되는데, 이는 글자의 모양과 간격, 그리고 인쇄물을 만드는 기술에 관한 학과목이었습니다.

이 공부는 그로부터 10년 후 스티브 잡스가 매킨토시 컴퓨터를 디자인할 때 큰 자산이 되었는데, 이로 인해 매킨토시 컴퓨터의 프로그램은 다양하고 아름다운 글자체를 갖게 되었습니다. 훗날 스티브 잡스는 대학을 다니다 그만둘 당시에는 미처 이런 일이 생길 줄 몰랐고 매우 두려웠지만 결국 최고의 결정이었다고 회상한 바 있습니다.[10]

누구나 인생에서 지워버리고 싶은 점(사건) 하나씩은 가지고 있을 겁니다. 하지만 그 점이 나중에 어떻게 연결될지는 아무도 모릅니다. 지금 나에게 닥친 어려움을 지나치게 확대해석하여 좌절하기보다는, 재도전할 기회를 스스로에게 주세요. 그러면 그 점이 나중에는 인생에서 가장 빛나는 별이 되어 있을지도 모릅니다.

제1장 • 리더십은 단단한 나로부터

스트레스 상황에 대처하기 위한
'생각 만들기'

같은 상황에서도 개인마다 스트레스를 받는 정도는 다릅니다. 삼성서울병원에서는 스트레스 상황을 현명하게 벗어날 수 있는 생각 만들기를 제안하고 있는데, 스트레스 상황에 직면했을 때 적용해보시기 바랍니다.

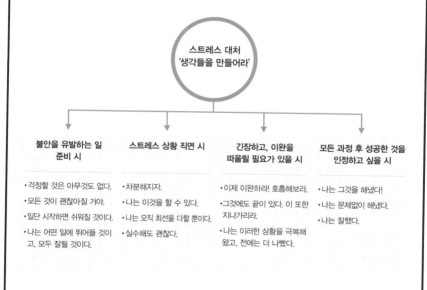

자료: 삼성서울병원
〈http://www.samsunghospital.com/home/healthMedical/private/lifeClinicStress05.do〉.

수면부채를 쌓지 마라

: 잘 자는 것도 리더의 경쟁력 :

많은 사람이 잠을 적게 자는 것을 성실함의 상징으로 여기고, 늦게 자고 일찍 일어나는 것을 자랑스럽게 말하기도 합니다. '성취하고 싶은 일이 있다면 잠을 줄이라'라는 조언도 주변에서 어렵지 않게 들을 수 있죠. 이는 수면시간을 '개인의 의지력으로 조절할 수 있는 여분의 시간'으로 보기 때문입니다.

그러나 잠을 잔다는 것은 이렇게 단순한 문제가 아닙니다. 오랜 기간 충분한 수면을 취하지 못하면 건강에 이상이 생길 뿐 아니라 집중력이 떨어지는 등 업무에도 부정적인 영향을 미칩니다. 그래서 '수면부채(sleep debt)'라는 말도 있습니다. 잠을 제대로 못 자면 이것이 빚이 되어 쌓인다는 의미입니다. 수면부채가 조금 쌓였을 때는 잠을 보충하는 것으로 해결할 수 있지만 일정 기간 동안 이런 일이 반복되면 나중에는 비싼 대가를 치러야 합니다.

수면, 건강 그리고 성과

먼저 수면 부족은 건강에 직접적으로 안 좋은 영향을 미칩니다. 미국 시카고대학교 로히트 아로라(Rohit Arora) 교수의 연구에 따르면 하루 수면시간이 6시간 미만인 그룹은 수면시간이 6시간에서 8시간인 그룹에 비해 심근경색이나 뇌졸중 위험이 2배에 달하는 것으로 나타났습니다(45세 이상 남녀 3,019명 대상 연구결과).[11] 또 면역체계에 이상이 생겨 감염의 위험이 높아지고, 고혈압과 골다공증이 생길 확률도 증가합니다. 그뿐 아니라, 식욕 호르몬인 그렐린(ghrelin)이 과다 분비되고 인스턴트 등 자극적인 음식에 끌리기 때문에 비만 가능성도 높아집니다. 이러한 연구결과에 따라 많은 학자가 7시간에서 9시간 사이를 적정 수면시간으로 권장하고 있습니다.

수면 부족은 업무성과에도 악영향을 미칩니다. 직장인이라면 대부분 과중한 업무나 신경 쓰이는 일 때문에 잠을 제대로 못 잔 경험이 있을 겁니다. 그런데 일을 더 잘하기 위해 고민하느라 잠을 충분히 자지 못하면 역설적으로 업무성과가 더 떨어지게 됩니다.

글로벌 컨설팅사 맥킨지(McKinsey)의 연구에 따르면, 18시간에서 19시간 동안 계속 깨어 있는 경우, 예를 들어 밤 12시나 1시에 자서 새벽 6시경 일어나는 경우는 혈중 알코올 농도가 약 0.05%인 상태에서 일하는 것과 유사한 것이라 합니다. 또 20시간 동안 계속 깨어 있는 경우는 혈중 알코올 농도 0.1% 상태에서 일하는 것과 유사한데, 이는 운전면허 취소 수준입니다. 즉, 수면 부족은 술 취한 상태에서 일을 하고 있는 것과도 같습니다. 그러면 결국 인지능력과 문제해결력이 떨어지고 창의적 대안을 탐색하는 능력도 현저히 줄어듭니다.[12]

워싱턴대학교의 반스 크리스토퍼(Barnes Christopher) 교수는 만약 당신의 상사가 짜증을 달고 산다면 그는 불면증일 가능성이 높다고 말했습니다. 잠은 자기통제력과도 관련이 있기 때문에 만약 잠이 부족하면 외부의 작은 자극에도 통제력을 잃고 쉽게 짜증을 내게 된다는 겁니다.[13]

그래서 잠자는 시간을 아껴서 일할 것 같은 글로벌 기업 CEO들도 의외로 충분한 수면시간을 강조합니다. 아마존 창업자 제프 베이조스(Jeff Bezos)는 8시간 수면이 자신의 신조라고 밝히면서 8시간 잠을 잘 때 가장 능률적으로 일할 수 있다고 말했습니다. 또 빌 게이츠(Bill Gates)는 최소한 7시간은 자야 날카로움과 창의력을 발휘할 수 있다고 얘기했습니다.[14]

좋은 수면을 위한 팁

리더가 잠을 잘 자는 것이 이렇듯 중요하다면, 좀 더 편안히 잠자리에 들 방법은 없을까요? 좋은 수면에 도움이 되는 생활습관 몇 가지를 제안합니다.

첫째, 잠들기 1시간 전부터는 스마트폰을 멀리하는 게 좋습니다. 많은 사람이 잠자기 직전까지 스마트폰으로 동영상이나 텍스트를 봅니다. 또 다른 일을 하더라도 침대 옆에 스마트폰을 두고 알림이 올 때마다 수시로 확인하죠. 하지만 스마트폰에서 나오는 블루라이트는 뇌에 아직도 낮이라는 신호를 보내기 때문에 수면 호르몬인 멜라토닌(melatonin)의 분비를 억제합니다. 따라서 잠이 들기 직전까지 블루라이트에 노출되면 잠이 들더라도 3시간이 지난 후에야 완전한 수면상태에 들어가게 됩니다. 《수면 혁명》의 저자이자 〈허핑턴 포스트〉의 발행인인 아리아나 허핑턴(Arianna Huffington)은 숙면의 첫 번째 조건으로 스마트폰을 침실 밖에 두라고 조언했습니다.

두 번째로 잠들기 직전에는 먼저 뇌를 쉬게 해주는 것이 좋습니다. 사람의 활동에는 뇌를 사용하는 '개념적 활동(Conceptual activity)'과 오감을 사용하는 '감각적 활동(Perceptual activity)'이 있습니다. 독서나 진지한 대화, 글쓰기와 같은 일은 뇌를 사용하는 개념적 활동인데, 이런 활동은 잠들기 직전까지 우리를 각성 상태에 있게 합니다. 반면 음악 감상이나 명상, 가벼운 산책은 감각적 활동입니다. 감각적 활동은 잠들기 전에 뇌를 쉬게 해주고 우리의 몸을 이완시킴으로써 편안하게 잠자리에 들 수 있도록 해줍니다. 따라서 잠들기 전에 무엇인가를 하고 싶다면 뇌보다는 감각을 사용하는 활동을 하는 것이 좋습니다.[15]

마지막으로 잠들기 2시간 전에는 음식을 먹지 않는 것이 좋습니다. 오후 늦게 커피를 마시면 카페인 탓에 잠이 잘 오지 않아 피하는 사람이 많습니다. 하지만 사실 커피뿐 아니라 모든 음식이 몸속의 혈류와 당을 활성화하기 때문에 심신을 각성시키는 효과가 있습니다. 그래서 늦게 음식을 먹고 잠자리에 들면 숙면을 취하기가 어렵습니다.

그렇다면 잠자리에 들어 눈을 감은 후 몇 분 안에 잠드는 것이 가장 좋을까요? 보통 바로 잠들면 건강한 것이라고 생각할 수 있으나 15분 정도가 적당한 시간입니다. 5분 안에 잠들면 현재 수면이 많이 부족한 상태인 것이고 1시간이 넘게 걸리면 불면증일 가능성이 높습니다.

항상 우리 옆에 있는 것들, 일상적으로 하는 일들은 그 소중함을 깨닫기가 참 어렵습니다. 하루 중 꽤 많은 시간을 차지하는 잠도 그렇습니다. 잠을 덜 자고 오랜 시간 일하는 것이 경쟁력이 아니라, 좋은 수면을 취함으로써 깨어 있는 시간 동안 일의 질을 높이는 것이 리더의 경쟁력입니다.

제1장 • 리더십은 단단한 나로부터

잠을 잘 자기 위한 팁

《수면 혁명》의 저자 아리아나 허핑턴이 숙면을 취하기 위한 몇 가지 유용한 팁을 제안합니다.

- 침실은 어둡고 조용하며 시원하게 한다.
- 오후 2시 이후에는 카페인이 들어간 음식을 먹지 않는다.
- 잠자기 30분 전에는 휴대폰을 끄고, 침대 옆에서 휴대폰을 충전하지 않는다.
- 자기 전에 가볍게 몸을 스트레칭하고 요가나 명상을 한다.
- 침대에서 책을 읽을 때는 블루라이트가 나오는 전자책이 아닌 종이책을 읽는다. 이때 일과 관련된 책은 피한다.
- 카모마일차나 라벤더차를 따뜻하게 마신다.
- 자기 전에 감사한 일 세 가지를 생각한다.

자료: Sheila Cosgrove Baylis (2016. 9. 1). "Arianna Huffington Shares Her Best Tips for a Good Night's Sleep". *People*.

당신은 섬세한 것이 아니라 불안한 것이다

: 마이크로매니징을 피하는 세 가지 방법 :

만약 리더들에게 '당신은 마이크로매니저입니까?'라고 묻는다면 어떤 대답이 나올까요? 마이크로매니저(micromanager)란 직원들 업무의 세세한 부분까지 지나치게 통제하고 관리하는 리더를 말합니다. 아마 이 질문에 대해 대부분의 리더는 '저는 마이크로매니저가 아닙니다'라고 답변하실 겁니다. 하지만 직원들에게 '당신의 상사는 마이크로매니저입니까?'라고 묻는다면 좀 다른 대답이 나오지 않을까요?

실제로 주변에서 마이크로매니징을 하는 리더를 어렵지 않게 볼 수 있는데요. 그렇다면 리더들은 왜 마이크로매니징을 하는 것일까요? 많은 분이 '성과를 내기 위해서'라고 생각할지 모르겠습니다. 하지만 UC버클리 제니퍼 채트먼(Jennifer Chatman) 교수는 이 의견에 대해 정면으로 반박합니다. 리더가 마이크로매니징을 하는 것은 직원의 성과를 이끌어내기 위함이 아니라 리더 내면의 불안감과 상황을 통제하려는 욕구 때문이라는 겁니다.[16]

그리고 리더의 이런 불안감은 직원들에게 그대로 전달됩니다. 리더가 마이크로매니징을 하면 직원들은 상사가 자신을 믿지 못한다고 느끼고 점점 더 자신감을 잃게 됩니다. 또 스스로 결정하고 일하는 것에 대해 두려움을 갖게 됩니다.

마이크로매니저의 행동 특성

그렇다면 마이크로매니저는 구체적으로 어떤 행동 특성을 보일까요?

첫째, 마이크로매니저는 직원들이 일하는 과정 하나하나에 개입하고 그것을 통제합니다. 사소한 일까지 모두 상사가 알고 있어야 한다고 생각하고, 그렇기 때문에 직원들에게 일의 진행 상황을 자주 보고하도록 요구합니다. 이런 리더와 함께 일하는 직원들은 경험상 작은 일이라도 상사의 승인 없이 진행하면 질책을 받는다는 것을 잘 알고 있습니다. 이 때문에 직원들은 사소한 일도 자주 보고하고 상사에게 의사결정을 받는, 가장 안전한 방법을 택하게 됩니다.

그러므로 만약 직원들이 지나칠 정도로 자주 보고하거나 세세한 것까지 리더의 의견을 물어본다면, 그 리더는 '역시 우리 부서는 내가 없으면 안 돌아가'라고 말하며 뿌듯해할 것이 아니라, '혹시 내가 마이크로매니저는 아닌가' 하고 돌아볼 필요가 있습니다.

둘째, 마이크로매니저는 자신이 원하는 방식과 스타일대로 일이 진행되기를 바랍니다. 그것만이 정답이라 생각하고 다른 것은 용인하지 않는 겁니다. 문서의 양식이라든지 보고서를 작성하는 방식, 고객을 대하는 방법 등이 모두 여기에 해당합니다. 따라서 이런 상사와 일할 경우 그의 스타일과 다른 것은 서투른 것이거나 일을 잘 못하는 것으로 치부됩니다. 더 좋은 방식을 찾아내려고 노력하던 직원들이 이런 벽에 몇 번 부딪히면 그냥 상사의 기존 방식에 맞춰 일하게 됩니다. 최선의 방법을 찾아 더 나은 아웃풋을 내는 데 초점을 맞추기보다는 상사의 만족을 얻어내고 질책을 피하는 방향으로 일을 하게 되는 겁니다.

셋째, 마이크로매니저는 직원의 강점을 인정하기보다 약점이나 실수를 지적하는 일에 관리의 중점을 둡니다. 직원의 잘못을 교정하고 가르쳐주는 것이 상사의 중요한 역할이라고 생각하기 때문이죠. 그리고 아무리 지적을 해도 직원들의 역량이 나아지지 않는다고 안타까워합니다. 하지만 사실은 상사가 마이크로매니징을 하기 때문에 직원들이 성장할 기회를 갖지 못하는 겁니다.

직원들이 역량을 쌓기 위해서는 스스로 고민해서 방법을 찾고 결정하며, 궁극적으로는 이에 대해 책임을 져봐야 합니다. 그런데 만약 이런 과정을 거칠 틈도 없이 리더가 사소한 것까지 하나하나 지적한다면 직원들은 그 틀에 갇혀 더 나은 역량을 쌓지도, 발휘하지도 못하고 결국에는 성장할 기회마저 잃게 됩니다.

이렇게 마이크로매니저는 직원들의 업무 상황을 일일이 보고받고 지적하며 직원들이 해야 하는 작은 결정들을 해주기 바쁩니다. 그래서 장기 전략을 고민한다든지 주요 고객을 만난다든지 하는, 정작 리더가 맡아야 하는 더 중요한 일에는 시간을 많이 쏟지 못합니다. 결국 마이크로매니저가 이끄는 조직에서는 리더와 직원, 그 누구도 자신의 역할을 제대로 해낼 수 없는 겁니다.

마이크로매니저가 되지 않으려면?

마이크로매니저가 되지 않으려면 어떻게 해야 할까요? 혹은 이미 오랜 시간 마이크로매니저로 지냈다면 어떻게 거기서 벗어날 수 있을까요? 가장 중요한 것은 직원이 일의 주인이 되도록 해주어야 한다는 겁니다. 업무를 부여할 때 예상되는 목표와 아웃풋을 공유하되 일을 진행하는 방법은 직원 스스로 찾아낼 수 있도록 시간과 권한을 주어야 합니다.

조금 불안한 마음이 들더라도 큰 틀에서 볼 때 애초의 목표를 벗어나지 않고 있으며, 일정도 지켜지고 있다면 세세하게 간섭하기보다는 한 발자국 뒤로 물러서서 지켜보는 것이 좋습니다. 만약 직원이 선택한 방법이 큰 효과를 얻지 못하고 먼 길로 돌아가고 있는 것이라 하더라도 직원들은 그 시행착오를 통해 더 많은 것을 배울 수 있을 겁니다.

그리고 일하는 과정에서 중간중간 발생하는 자잘한 의사결정은 직원에게 맡기는 것이 좋습니다. 또 중요한 단계에서 리더가 의사결정을 해야 할 때도 직원의 생각을 먼저 물어보고 그 의견에 귀를 기울여야 합니다. 스스로 결정하거나 최소한 의사결정에 자신의 의견이 반영된다고 느낄 때 직원들은 오너십과 책임감을 갖게 됩니다.

물론 마이크로매니징이 필요할 때도 있습니다. 신입사원이 처음 업무를 배울 때나 역량이 부족한 직원에게 업무를 가르쳐야 할 때는 일시적으로 마이크로매니징이 필요합니다. 하지만 기억해야 할 것은 이것이 리더의 일상적 관리방식이 되어서는 안 되고, 어디까지나 일시적 지원방식이어야 한다는 점입니다.

"마이크로매니저가 되기를 바라는 리더는 없지만, 많은 리더가 마이크로매니징을 했을 때 뿌듯함을 느낀다"라는 말이 있습니다. 누군가에 대해 통제권을 갖는 것이 때로는 달콤하게 느껴지기도 하기에, 리더라면 마이크로매니징의 유혹에 빠지지 않도록 더욱 경계하고 주의를 기울여야겠습니다.

마이크로매니저가 이끄는 팀에서
일어나는 일들

마이크로매니저가 이끄는 팀에서는 다음과 같은 일들이 일어납니다. 당신
의 팀은 어떤가요?

- 직원들이 고객보다 상사의 선호, 상사의 평가를 중심에 둔다.
- 상사의 마이크로매니징에 부응하기 위해 현재 하는 일이 최고의 수준
  이 아닌 것을 알면서도 스스로 이를 용인한다.
- 상사와 하는 모든 대화가 나에 대한 평가처럼 느껴진다.
- 어떤 결정이든 상사의 승인이 필요하다.
- 보고와 결재, 회의가 많아진다.
- 직원들이 자신의 의견을 말하는 것을 꺼린다.
- 리더로 성장하는 직원이 적다.
- 우수한 직원들이 이직한다.
- 부서에서 창의성, 혁신, 민첩성이 사라진다.

자료: Wigert, B., & Pendell, R. (2020. 7. 17). "The Ultimate Guide to Micromanagers: Signs,
Causes, Solutions". Gallup.

리더의 '직관', 너무 믿지 마라

: 직관적 의사결정의 오류 :

리더는 매 순간 의사결정을 해야 하고, 따라서 이것은 리더에게 숙명과도 같습니다. 그 책임도 오롯이 리더에게 주어지죠. 생각하면 식은땀이 흐를 정도로 리더의 자리가 무겁게 느껴집니다. 더욱이 최근에는 경영환경이 시시각각 변화하고 있어 의사결정의 스피드 또한 중요해지고 있습니다.

아마존의 창업자 제프 베이조스도 불확실성이 높은 상황에서는 '질이 높지만 늦은' 의사결정은 소용이 없고 '빠르고 질 높은(high-velocity, high-quality)' 의사결정만이 살아남을 수 있는 유일한 방법이라고 강조했습니다.[17] 그리고 필요한 정보의 70% 정도가 확보되면 그때 바로 의사결정을 해야 한다고 조언했죠. 더 많은 정보를 얻겠다고 계속 시간을 끌다가는 최적의 타이밍을 놓칠 수 있기 때문입니다. 가능한 한 많은 정보를 수집하는 것은 의사결정의 질을 높이기 위함입니다. 그런데 변화의 속도가 너무 빠를 때는 정보를 모으는 과정에서 그 전에 확보해둔 정보가 무용지물이 될 수도 있습니다. 따라서 정보가 어느 정도 쌓이면 일단 의사결정을 내린 다음, 이후 상황을 주시하며 조정해나가는 것이 필요합니다.

두 가지 의사결정 시스템

그런데 모든 의사결정이 이렇게 정보를 모으고 논리적 절차를 밟아 결론에 이르는 것은 아닙니다. 2002년 행동경제학(behavioral economics)*으로 노벨경제학상을 수상한 대니얼 카너먼(Daniel Kahneman)은 의사결정을 시스템1과 시스템2로 나누었습니다. 여기서 시스템1은 감정이 작용하는 빠르고 직관적인 의사결정, 시스템2는 이성이 작용하는 느리고 논리적인 의사결정을 말합니다.[18] 예를 들어 길을 걷다가 갑자기 달려오는 차를 보고 두려움을 느껴 나도

---

* 인간의 실제 행동을 심리학이나 사회학과 연계하여 살피고 그것이 어떤 결과를 가져오는 지를 경제학적 측면에서 연구하고 분석하는 학문.

모르게 몸을 피하는 것은 시스템1이 하는 일입니다. 여기에는 논리와 이성이 작용할 틈이 없죠. 반면에 많은 정보를 취합하고 심사숙고해서 결정하는 건 대부분 시스템2의 영역입니다.

그런데 현실에서는 대부분 시스템1과 시스템2가 같이 작용해서 의사결정을 내리게 됩니다. 즉 내가 아무리 이성적이고 논리적으로 의사결정을 했다고 하더라도 거기에는 반드시 시스템1이 작용하고 있다는 거죠. 시스템1은 시스템2가 하는 논리적 의사결정 과정에서 느낌, 인상, 직관과 같은 비이성적 정보를 지속적으로 제공합니다. 그런데 이 시스템1에는 중대한 결함이 하나 있습니다.

어떤 결함일지 이야기를 이어가기 전에 퀴즈를 하나 풀어보죠. 성경에는 세상이 모두 휩쓸려나갈 정도로 대홍수가 일어났던 사건이 기록되어 있습니다. 이때 모세는 홍수가 날 것을 미리 알고 방주를 만들어 동물들을 태웠죠. 여기서 퀴즈입니다. 모세는 동물들을 각각 몇 마리씩 방주에 태웠을까요? 너무 쉬운 퀴즈인가요? 혹시 머릿속에 '암수 한 쌍씩'이라는 답이 떠오르셨나요? 그렇다면 정답이 아닙니다. 답은 '모세는 방주에 동물을 태우지 않았다'입니다. 성경 속에서 방주에 동물을 태운 사람은 모세가 아니라 노아죠. 노아의 방주! 실없는 난센스로 보이지만 사실 이것은 '모세의 착각'이라는 이름까지 붙은 유명한 심리학 퀴즈입니다.

바로 이것이 직관에 지배받는 시스템1의 중대한 결함입니다. 시스템1은 이상하고 의심할 만한 부분이 있어도 파고 들어가지 않고 성급히 결론을 내려버립니다. 그리고 의사결정에서 이것을 막는 것이 바로 시스템2의 역할입니다. 그런데 시스템2는 너무 게을러서 이성을 작동시키기 전에 시스템1이 주는 느낌이나 직관을 아주 쉽게 받아들입니다. 모세와 노아를 구분하지 못했던 것처럼 말이죠. 따라서 리더는 의사결정에 직관을 잘 활용하면서도 직관의 덫에 걸리지 않도록 주의해야 합니다. 여기, 직관이 오류를 일으키는 세 가지 상황이 있습니다.

익숙함의 오류

첫 번째로 직관은 익숙한 상황에서 빈번히 오류를 만들어냅니다. 선거 때가 되면 후보자들이 가능한 한 많은 유권자를 만나려고 노력하죠. 이곳저곳 다니며 악수를 하고 얼굴을 알립니다. 이는 자주 접해서 익숙해지면 경계감이 줄어들어 그 방향으로 결정할 가능성이 높아지기 때문입니다. 즉, 익숙해지면 자신도 모르는 사이에 좋아 보입니다.

반면 낯선 상황에서 사람들은 많은 시간과 에너지를 들여 그것을 해석하기 위해 노력하게 됩니다. 그만큼 직관이 개입할 가능성이 낮아지죠. 그래서 의사결정을 하기 전에는 이것이 익숙해서 좋아 보이는 것인지, 아니면 정말 옳은 것인지 한 번 더 신중하게 체크해보아야 합니다.

터널 비전

두 번째로 어느 정도 방향이 정해진 상황일 때 직관은 확증편향을 가집니다. 즉 이미 자신이 생각한 답이 있다면 이와 반대되는 새로운 정보가 들어와도 생각을 바꾸기가 쉽지 않다는 겁니다. 새로운 정보를 내가 생각한 방향대로 꿰맞추거나 이것이 불가능하면 아예 그 정보를 무시합니다.

차를 타고 가다가 터널에 들어가면 오직 나가는 방향 하나만 보이고 시야도 좁아지죠. 이를 '터널 비전'이라고 하는데, 충분히 검토하기 전에 마음속에 정답을 갖는 것은 스스로 터널에 들어가 시야를 가리는 것과 같습니다. 따라서 결정을 하기 전까지는 모든 가능성을 열어놓고 정답이 아니라 가설만 가지고 있어야 합니다. 다양한 가설에 정보를 대입해 객관적으로 평가해보는 것이 중요합니다. 또 가끔은 내 생각과 전혀 다른 가설에 정보를 대입해 과연 그 가설이 틀렸는지 확인해보는 것도 도움이 됩니다.

손실기피의 오류

세 번째로 직관은 손실을 보지 않는 방향으로 움직입니다. 사람들은 웬만한 이득이 있지 않고서는 가능한 한 현재의 상태를 유지하려는 경향이 있는데, 이를 '손실기피(loss aversion)'라고 합니다.

여기 동전이 하나 있습니다. 동전을 던져서 앞면이 나오면 5만 원을 받을 수 있고 대신 뒷면이 나오면 4만 원을 내놓아야 합니다. 이러한 게임이 주어졌을 때 얼마나 많은 사람이 이 게임에 응할까요? 실제로 심리학자들이 실험을 해보면 대다수 사람이 이 게임에 응하지 않는다고 합니다. 5만 원을 얻는 이익보다 4만 원을 잃는 손실이 더 커 보이기 때문이죠.

그러나 기존의 것을 유지하는 방향으로만 의사결정을 한다면 더 좋은 기회를 놓칠 수도 있습니다. 따라서 여러 대안 중 '현상유지'를 결정했다면, 그것이 혹시 변화로 인한 손실이 두려워 변화에 따른 이득을 과소평가하는 손실기피에 빠진 것은 아닌지 점검해봐야 합니다.

리더의 직관은 분명, 그동안 쌓은 지식과 경험을 기반으로 하는 중요한 자산입니다. 하지만 성급하고 오류가 있는 자산이기도 합니다. 따라서 의사결정에 직관이 더 크게 작용했다고 느낄 때는 마지막 단계에서 잠시 멈추고 지난 과정을 돌이켜보는 신중함을 잊지 말아야겠습니다.

직관적 의사결정의 오류
되돌아보기

직관적 의사결정을 내렸는데 결과가 좋지 않았다면, 그 원인은 무엇이었을까요? 그리고 같은 상황에 다시 직면한다면 직관적 의사결정의 오류를 피하기 위해 무엇을 달리할 수 있을지 생각해보시기 바랍니다.

☑ 직관적 의사결정에서 실패했던 상황 기술하기

☑ 직관적 의사결정이 실패한 이유 분석하기

☑ 그때와 다르게 생각해보기

리더란
말하는 사람이자, 듣는 사람

: 솔직한 피드백 구하기 :

조직에서 리더가 되면 그 전보다 '말'의 영향력이 커집니다. 회의 자리에서 대화의 점유율도 높아지죠. 그러다 보니 때로는 리더의 사소한 말 한마디가 생각지도 못한 후폭풍을 불러오기도 합니다. 또 직원들이 리더의 말을 제대로 이해하지 못해 업무에 혼선이 빚어지기도 하죠. 리더가 직원들과 대화할 때는 어떤 부분에 주의를 기울여야 할까요? 여기 두 가지 사례가 있습니다.

내가 금을 사라고 했다고?

골드만삭스(Goldman Sachs)의 전 CEO 밥 루빈(Bob Rubin)이 부임한 지 얼마 되지 않아 일어난 일입니다. 그는 회사의 투자현황을 살펴보던 중 꽤 큰 규모의 자금이 금에 투자된 것을 발견했습니다. 그래서 직원에게 어떻게 된 일인지 물었죠. 그랬더니 직원의 대답은 바로 CEO인 자신이 금에 투자하라고 지시했다는 것이었습니다. 그는 매우 놀랐습니다. 그런 지시를 한 적이 없었기 때문이죠.

사연은 이랬습니다. 그 며칠 전 밥 루빈이 거래소를 둘러보다가 무심코 한 직원에게 '금이 흥미로워 보이는데'라고 말했고, 이것이 'CEO가 금을 좋아한다'라는 말이 되어 퍼졌던 것입니다. 그리고 누군가가 새로 부임한 CEO의 말에 부응하기 위해 수억 달러를 금에 투자했던 것입니다.

설마 골드만삭스 같은 글로벌 기업에서 이런 일이 일어났을까 하는 의문도 들지만, 실제로 많은 기업에서 CEO가 무심코 던진 말이 마치 거부할 수 없는 'CEO 지시사항'인 것처럼 실행되고 있죠. CEO의 의도와 관계없이 그 말이 리더의 입에서 나왔다는 것만으로 직원들은 이를 가볍게 지나치기가 어렵기 때문입니다.

그래서 리더는 자신이 입 밖으로 꺼낸 말의 무게를 알아야 합니다. 리더의 입에서 나온 말 중 '지나가는 말'은 없습니다. 의도치 않은 일이 일어나고 난 뒤 '나는 그런 뜻으로 한 말이 아니었다'라고 변명할 자유가 리더에게는 없습니다. 리더가 그걸 깨달았을 때는 이미 조직에 예상치 못한 사건이 일어난 후일 가능성이 높기 때문이죠.

리더는 자신이 하는 말이 직원들에게 어떻게 받아들여질지를 늘 고려해야 합니다. 직원들은 리더가 생각하는 것보다 훨씬 더 리더의 말에 민감하다는 점을 기억해야 합니다. 또 리더는 직원과 대화를 나눌 때 자신의 의도를 명확히 전달해야 합니다. 직원들이 리더의 진의가 무엇인지 해석하느라 시간과 노력을 낭비하는 일이 없도록 해야합니다. 그러지 않으면 리더가 자리를 떠난 후 직원들이 리더가 한 말의 내용과 의도를 알아내기 위해 마치 암호 해독이라도 하듯 머리를 맞대고 있을지도 모릅니다.

내가 틀렸다고 생각된다면!

리더가 자신의 의도를 정확히 전달하는 것만으로 충분치 않을 때도 있습니다. 이번 사례는 페이스북(2021년 메타로 사명 변경)의 전 최고운영책임자(COO, Chief Operating Officer) 셰릴 샌드버그(Sheryl Sandberg)가 겪은 일입니다. 알려진 바와 같이 샌드버그는 2008년 구글을 떠나 페이스북으로 옮긴 후 신생 기업이던 페이스북을 글로벌 기업으로 성장시키는 데 크게 기여했습니다. 2008년은 페이스북 게시물에 '좋아요' 버튼도 생기기 전이었고, 페이스북은 유망 스타트

업이었지만 아직 적자를 벗어나지 못하던 때죠.

그가 페이스북에 들어온 지 얼마 되지 않아 직원들과 회의를 하는데 직원들이 파워포인트를 이용해 보고를 했다고 합니다. 그는 내부 회의에서 파워포인트를 사용하는 것이 비효율적이라고 생각했습니다. 그래서 앞으로는 파워포인트를 사용하지 말아달라고 얘기했죠. 하지만 대다수 직원들은 계속해서 파워포인트를 이용해 보고를 했습니다. 참다못한 샌드버그는 이제부터 자신과 회의할 때는 파워포인트를 쓰지 않는 것을 규칙으로 정하겠다고 직원들에게 말했고, 그 뒤로 내부 회의에서 파워포인트는 없어졌습니다. 이제야 비효율이 사라지는 것처럼 보였죠.

하지만 문제는 그다음에 일어났습니다. 한 달쯤 지나 샌드버그가 글로벌 세일즈팀 앞에서 연설을 하려고 하는데 누군가가 이렇게 귀띔을 해주었습니다. '고객에게 파워포인트를 쓰지 말라는 규칙을 정하신 것 때문에 글로벌 세일즈팀이 기분이 매우 상해 있습니다'라고요. 샌드버그는 이 말에 충격을 받았습니다. 그는 내부 회의에서 파워포인트를 쓰지 말라고 한 것이지 고객에게 파워포인트를 쓰지 말라고 한 적은 없기 때문입니다. 더군다나 그는 고객과 세일즈 미팅을 할 때는 당연히 파워포인트로 발표 자료를 성의 있게 준비해야 한다고 생각했기에 충격은 더 컸습니다.

샌드버그는 연설에 앞서 이렇게 말했습니다. "저와 회의를 할 때 파워포인트를 쓰지 말라는 것이지 고객에게 쓰지 말라는 뜻은 아니었습니다. 그리고 저의 말이 잘못됐다고 생각한다면 언제든지 내가 틀렸다고 말해주시기 바랍니다."

훗날 샌드버그는 이때 중요한 교훈을 얻었다고 말했습니다. 그것은 동료들과 나란히 걸을 때, 즉 리더로서 말할 때만이 아니라 리더로서 듣기도 할 때 그 조직을 가장 잘 리드할 수 있다는 교훈이었습니다.[19]

직원들의 피드백은 그들이 리더의 의도를 잘 이해하고 있는지, 그리고 리더의 지시사항이 제대로 작동하고 있는지 파악하는 가장 좋은 방법입니다. 그래서 리더는 항상 직원들에게 피드백을 구해야 합니다. 그러나 이것이 말처럼 쉬운 일은 아니죠. 직원들은 누구나 리더에게 부정적인 말을 하기를 꺼려합니다. 리더와 생각이 다르다고 해서 그 내용을 직접적으로 밝힌다든지 지시사항이 잘 실행되지 않고 있다고 말하는 것은 직원 입장에서는 매우 부담스러운 일이죠.

따라서 리더가 먼저 어떤 피드백이든 들을 준비가 되어 있다는 신호를 끊임없이 보내주어야 합니다. 샌드버그가 했던 것처럼, 리더인 자신의 말이 잘못됐다고 생각되면 언제든지 알려달라고 기회가 있을 때마다 얘기하는 것도 좋은 방법입니다. 또 리더가 자신의 의견을 이메일로 전달할 때는 끝머리에 '다른 의견이 있다면 주저하지 말고 회신을 보내달라'고 덧붙이는 것도 좋습니다. 리더가 동일한 말을 반복하면 직원들은 그 안에서 리더의 진심을 읽을 수 있습니다.

미국의 퍼스트레이디였던 미셸 오바마(Michelle Obama)는 2010년 조지워싱턴대학교 졸업식 축사에서 이렇게 말했습니다.

　　　　　　　제1장 • 리더십은 단단한 나로부터

"인생은 쉽게 살아야 하고 너무 애쓰지 않아도 원하는 것을 얻을 수 있다고, 앞으로 많은 사람이 여러분을 설득할 겁니다. 그러나 의미 있는 무엇인가를 만들어내려면 반드시 시간을 들여야 한다는 진실을 잊지 마십시오."

리더의 자리에 있으면 '시간도 많이 걸리고 번거로운데 꼭 그렇게까지 해야 하나?' 싶은 일들이 생깁니다. 직원들로부터 피드백을 구하는 일이 어쩌면 그런 일일지도 모릅니다. 모르는 척 넘어가도 될 만한 일을 괜히 물어봐서 긁어 부스럼을 만드는 것이 아닌가 하는 생각이 들 수도 있습니다. 그러나 조직의 리더로서 의미 있는 무언가를 만들어내려면 함께하는 직원들의 피드백이 반드시 필요하고, 그것이 다른 어떤 일보다 충분히 시간을 들일 가치가 있는 일이라는 점을 꼭 기억해야 합니다.

잘 듣는 리더가 되는 방법

리더에게 직원들의 솔직한 피드백은 중요합니다. 리더의 말이 오해 없이 전달되었는지 확인할 수 있기 때문입니다. 그러나 직원 입장에서 리더에게 부정적 피드백을 하기란 쉽지 않죠. 리더가 어떤 말이든 들을 준비가 되어 있다는 확신을 준다면 직원들이 이야기하기가 한결 쉬울 겁니다. 그러기 위해서는 잘 듣는 것이 무엇보다 중요합니다. 혹시 스스로 잘 듣는 리더가 아니라고 느낀 적이 있다면 그때를 떠올리며 다음과 같은 질문을 던져보세요.

1. 상대방의 말에 온전히 귀 기울이고 있나요?

   : 다른 생각이나 내가 해야 할 말을 생각하느라 상대방의 말을 놓치고 있지 않나요?

2. 당신의 몸이 상대방을 향해 있나요?

   : 다른 방향을 향해 있다면 온전히 집중하지 못하고 있음을 의미합니다.

3. 상대방의 말을 잘 듣고 있다는 표현을 하고 있나요?

  : 고개 끄덕임, 맞장구치는 말, 눈 맞춤, 가벼운 미소를 보이고 있나요?

4. 상대방이 전달하고자 하는 내용의 본질과 의도를 정확히 이해하기 위해 노력하나요?

  : 지엽적인 단어나 표현에 과도하게 집중하거나 방해를 받고 있지는 않나요?

5. 상대방의 말을 정확히 이해하지 못했을 때 그냥 넘어가지 않고 확인하나요?

  : 적절한 질문을 활용하면 상대방의 말과 의도를 더욱 정확히 파악할 수 있습니다.

당신의 '공감하기'가 실패로 돌아가는 이유

: 공감을 가로막는 방해물 두 가지 :

리더십의 덕목 중 하나로 공감(empathy)을 빼놓을 수 없습니다. 조직에서 누군가 자신의 상황에 공감하고 지원해준다는 느낌은 심리적 안정감을 주는 동시에 업무 몰입도를 높여줍니다. 이 때문에 많은 리더가 직원들의 어려움과 고충에 공감을 표현하고 도움을 주기 위해 노력합니다. 하지만 그것이 항상 성공적인 것은 아닙니다. 때때로 리더는 자신의 노력에도 불구하고 특별한 반응을 보이지 않는 직원들이 섭섭하기도 합니다. 왜 이런 일이 생길까요? 공감이 실패하는 데는 어떤 방해물이 숨어 있는 것일까요?

우리는 정말 공감하고 있을까?: 리더와 직원의 인식 차이

먼저 공감이 실패하는 상황 중 하나는 리더와 직원이 상대방의 입장이 아닌 각자의 관점에서 서로를 바라보기 때문입니다. 스위스의 국제경영개발원(International Institute for Management Development, IMD)의 진카 토겔(Ginka Toegel) 교수는 직원과 관리자 양쪽을 대상으로 설문조사를 실시하여 직원이 감정적으로 어려움을 겪을 때 관리자가 도움을 주어야 하는지에 대해 질문했습니다.[20] 가령 직원이 고객불만을 처리하는 과정에서 스트레스를 받거나 실적이 떨어져 좌절감에 빠져 있는 상황에서 관리자가 직원에게 도움을 주어야 하는지 말입니다.

놀랍게도 이 질문에 대한 관리자와 직원의 답이 매우 달랐습니다. 직원들은 관리자라면 당연히 직원이 감정적으로 어려움을 겪을 때 위로나 배려 등 정서적 지원을 해주어야 한다고 응답한 반면, 관리자들은 해주면 좋지만 그것이 관리자의 당연한 의무는 아니라고 답했습니다. 즉, 직원에 대한 정서적 지원을 관리자는 '베푸는 일(extra-role behavior)'로, 직원들은 당연한 '상사의 역할(in-role behavior)'로 생각하고 있었던 겁니다.

이렇다 보니 관리자는 은연중 자신이 베푼 정서적 지원에 대해 직원들의 보답을 기대합니다. 물론 개인적 보답을 바란다기보다는 직원들이 이를 계기로 업무에 좀 더 몰입해준다든지 동료를 돕는 행동

등을 보여주기를 기대하는 것이죠. 반면 직원들은 관리자가 당연히 해야 할 역할을 한 것일 뿐이라고 여기기 때문에 이에 대해 어떤 행동을 보여야 한다는 의무감을 갖지 않습니다.

이렇듯 인식의 격차가 크게 벌어지는 것에 대해, 토겔 교수는 이런 상황에서 관리자는 직원에게 일종의 배신감을 느낀다고 분석합니다. 그래서 그다음에 직원들에게 유사한 일이 생겼을 때 관리자가 적극적으로 관심과 배려를 표현하지 않을 가능성이 높다는 겁니다. 결국 리더와 직원이 각자의 입장에서 자신의 기준으로만 상황을 바라보면 서로에 대한 기대가 어긋나면서 점점 더 깊은 공감이 어려워집니다.

공감이 안 되는 이유①: 더 강력한 패 내밀기

때로는 리더가 보기에 직원들의 고충이 별거 아닌 듯 여겨질 수도 있습니다. 시간이 지나면 저절로 해결될 일로 보이거나 그리 심각하지 않은 일을 가지고 '배부른 고민'을 하는 것처럼 보이기도 합니다. 이런 생각이 마음속에 있으면 당연히 직원들에게 공감을 표현하기가 어렵습니다.

그리고 이럴 때 리더가 자주 범하는 실수가 있습니다. 그 직원이 현재 겪는 고충보다 더 큰 고충을 내밀어 직원의 고민을 하찮게 만들어버리는 것이죠. 미국 휴스턴대학교 교수이자 심리학자인 브레네

브라운(Brene Brown)은 이를 '더 강력한 패 내밀기'라고 이름 붙였습니다.[21]

　예를 들면 직원의 고충을 다 듣고 난 후 리더가 '예전에는 지금보다 더 힘들었다'라거나 '옆 부서는 더 힘든데 그나마 우리는 나은 편이'라는 식으로 말하는 것입니다. 그러면 직원들은 고충을 털어놓은 것을 후회하고 앞으로는 아무리 힘든 일이 있어도 말하지 않겠다고 생각하게 됩니다.

　물론 리더의 관점에서는 이렇게 생각할 수 있습니다. 직원들이 대단치 않은 고충으로 힘들어한다면 그보다 더 힘든 상황도 있다는 사실을 분명히 알려주어야 한다고 말이죠. 하지만 별로 좋은 방법은 아닙니다. 다른 사람이 더 힘든 상황에 처해 있다는 사실이 절대 나의 고충을 작아지게 할 수 없기 때문입니다. 다른 사람이 손을 베인 상처보다 내 손가락의 작은 가시가 더 아프게 느껴지는 것처럼 말이죠.

　리더는 직원의 고충을 다른 그 무엇과도 비교하지 말고 그 자체에 집중하는 것이 좋습니다. 그래야 직원 입장에서 문제를 바라보고 진심으로 공감할 수 있고, 또한 이를 해결하도록 도움을 줄 수 있습니다.

공감이 안 되는 이유②: 대화의 초점 돌리기

직원의 고충이 사소하다는 생각이 들면 리더는 직원의 말에 집중하기보다 다른 주제로 넘어가고 싶은 마음이 생깁니다. 이것이 공감을 막는 또 하나의 장해물입니다. 상대방의 말을 듣기보다 나의 얘기를 하고 싶어하는 욕구죠.

대화에는 전환반응과 지지반응이 있습니다.[22] 직원이 '요즘에 일이 너무 많아서 잘하고 있는지 모르겠어요'라고 말할 때 리더가 '그러게. 나도 요즘에는 시간이 어떻게 지나가는지 모를 정도로 바쁘네'라고 말하는 것은 전환반응입니다. 대화의 초점을 상대방에게서 나에게로 돌리는 것이죠. 이 대화는 얼핏 보기에는 바쁘다는 상황에 공감하는 것처럼 보이지만 그 주체가 직원에서 리더 자신으로 옮겨 온 것을 알 수 있습니다. 이후 대화의 주제는 직원이 아닌 리더 본인의 얘기가 될 가능성이 높습니다.

사회학자 찰스 더버(Charles Derber)는 이렇게 대화의 초점을 자신에게로 돌리며 대화를 주도하려는 욕구를 '대화 나르시시즘'이라고 했습니다. 물론 위와 같은 상황에서 리더가 대화 나르시시즘에 빠져 의도적으로 전환반응을 보인 것은 아닐 겁니다. 하지만 다른 사람과 대화 중에 그 초점을 자신에게 맞추고 싶은 마음은 많은 사람이 지닌 일반적 욕구라고 할 수 있습니다. 따라서 리더는 무의식 중에 전환반응을 보이는 실수를 하지 않도록 주의를 기울여야 합니다. 직원들이 고충을 토로하는 자리에서는 더더욱 그렇습니다.

반면 지지반응은 이런 겁니다. 즉 '너무 바빠서 힘들다'라고 말하는 직원에게 '어떤 일이 특히 힘들게 느껴지는지, 혹시 도와줄 일은 없는지' 되물으며 상대방에게 초점을 맞추어 대화를 이어나가는 것이죠. 이럴 때 리더는 직원의 상황을 더 잘 이해할 수 있게 됩니다. 또 리더가 자신의 이야기를 주의 깊게 들어줄 때 직원은 더 편안한 마음으로 고민을 털어놓게 되고 그러면서 문제해결 방법도 함께 논의하게 될 겁니다.

　내가 대화의 주인공이 되고자 하는 욕구를 절제하며 상대방을 대화의 주인공으로 만들어주는 것이 공감에 한 발자국 가까이 다가가는 일입니다. 직원들과 얘기를 나눌 때 여러분의 대화 속 주인공은 누구인가요?

공감을 방해하는 대화

미국의 심리학자 마셜 로젠버그(Marshall Rosenberg)는 말 속에 있는 폭력성을 제거하고 공감하는 마음으로 대화하는 것을 '비폭력 대화(nonviolent communication)'라고 정의했습니다. 로젠버그에 따르면, 아래와 같은 대화법이 공감을 방해합니다.

- 조언하기: "내 생각에 너는 ~해야 해." "왜 하지 않았니?"
- 한술 더 뜨기: "그건 아무것도 아니야, 나에게는 더한 일이 있었는데……."
- 가르치려 들기: "이건 네게 정말 좋은 경험이니까 여기서 ~을 배워."
- 위로하기: "그건 네 잘못이 아니야. 너는 최선을 다했어."
- 다른 이야기 꺼내기: "그 말을 들으니 생각나는데……."
- 말을 끊기: "그만하고 기운 내."
- 동정하기: "참 안됐다. 어쩌면 좋니."
- 심문하기: "언제부터 그랬어? 무슨 일이 있었는데?"
- 설명하기: "그게 어떻게 된 거냐 하면……."
- 바로잡기: "그건 네가 잘못 생각하고 있는거야."

자료: 마셜 로젠버그 (2004). 《비폭력 대화》. 캐서린 한 역. 바오.

제1장 • 리더십은 단단한 나로부터

제
2
장

직원들이
기꺼이 일하도록
하려면

INTRO

리더의 중요한 역할 중 하나는 직원들이 일을 더 잘할 수 있도록
동기부여하는 것입니다. 동기부여란, 비유하자면 직원들의 마음에
불을 붙이는 것과 같습니다. 리더의 말 한마디가 작은 불씨를
다시 타오르게 할 수도 있고, 반대로 남은 불씨마저 꺼트릴 수도 있습니다.
그렇다고 동기부여가 꼭 '듣기 좋은 말'을 의미하는 것은 아닙니다.
제2장에서는 직원들을 효과적으로 동기부여하는 방법에 대해 알아보겠습니다.

10

'업무'와 함께
'일의 의미'를 부여하라

: 일의 맥락 · 결과 · 피드백 전달하기 :

컨설팅사 맥킨지는 경영진 5,000여 명에게 '조직이 최고의 성과를 냈을 때 어떤 특징을 보였는가?'라는 질문을 던졌습니다. 그리고 그 결과를 크게 세 가지로 정리하여 제시했습니다.[23]

첫째, 조직이 높은 성과를 냈을 때 직원들은 자신의 역할을 명확히 인식하고 목표에 대해서도 잘 이해하고 있었습니다. 즉 조직의 IQ(Intellectual Quotient, 지능지수)가 높았습니다.

둘째, 직원들이 서로 이해하고 신뢰하며 좋은 협력관계를 가지고 있었습니다. 이는 조직의 EQ(Emotional Quotient, 감성지수)가 높았음을 의미합니다.

그러나 경영진이 가장 많이 내놓은 답변은 따로 있었습니다. 직원들이 이전에 해보지 않은 과업에 기꺼이 도전하며 열정적 에너지를 뿜어냈다는 점입니다. 이것은 이성적 측면을 보여주는 IQ의 영역도, 직원들 간의 관계를 나타내는 EQ의 영역도 아니었습니다. 맥킨지는 직원들이 이 도전적 과업을 매우 의미 있고 중요하게 생각했기 때문에 열정적으로 몰입한 것으로 해석하고 이를 'MQ(Meaning Quotient, 의미지수)'라고 이름 붙였습니다. 즉, 자신이 하는 일이 의미 있다고 느낄 때 직원들은 열정을 가지고 업무에 몰입합니다.

똑같은 일을 해도 일의 의미는 다를 수 있다

일의 의미감(meaning of work)이란 '맡은 일에 대한 주관적 인식'을 말합니다. 그리고 일의 의미감이 높다는 것은 자신이 중요하고 의미 있는 일을 하고 있다고 느끼는 상태를 가리키죠. 중요한 것은 일의 의미감이 '현재 업무의 가치에 대한 객관적 평가'가 아니라 '개인의 주관적 인식'이라는 것입니다. 그러므로 똑같은 일을 하는 사람도 일의 가치를 어떻게 인식하느냐에 따라 그 의미감은 높을 수도, 낮을 수도 있습니다.

일의 의미부여는 직원 스스로 할 수도 있겠지만, 사실 리더의 중요한 역할이기도 합니다. 리더는 일을 둘러싼 맥락을 설명해줌으로써 직원들에게 '일의 의미'를 부여해야 합니다. 직원에게 일 하나를 그저 툭 던져놓는 것이 아니라 이 일이 어디서 왜 시작됐고 이 일이 잘 끝나면 누구에게 어떤 영향을 미칠 수 있는지를 전달해주어야 합니다. 그래야 직원들이 일을 전체의 한 조각에 불과한 것으로 보지 않고 좀 더 큰 맥락에서 이해하며 의미부여를 할 수 있습니다. 리더는 직원이 일의 의미감을 갖도록 다음과 같은 세 가지 연결점을 만들어주어야 합니다.

첫 번째 연결점은 조직의 목표입니다. 직원들은 누구나 자신의 일을 통해 조직에 기여할 수 있기를 바랍니다. 그래서 리더는 직원이 부여받은 일이 조직의 목표와 어떻게 연결되는지를 제시해야 합니다.

핸드폰에 들어갈 부품을 조립하는 한 공장에서 있었던 일입니다. 이 공장의 직원들은 수년 동안 자신들이 만드는 부품이 핸드폰의 어떤 기능으로 쓰이는지도 모르는 채 그저 관성대로 조립 작업을 했습니다. 새로 부임한 공장장은 조립 라인별로 직원들을 불러, 핸드폰 완제품을 분해해 지금 이 라인에서 조립 중인 부품이 어떤 핸드폰 모델에 사용되는지, 이 부품이 잘못되면 핸드폰에 어떤 문제가 생기는지를 자세히 설명해주었습니다. 그리고 이 핸드폰 판매가 조직 전체의 매출에서 어느 정도의 비중을 차지하는지도 알려주었습니다.

실상 이런 '의미부여'는 직원 스스로 하기가 어렵습니다. 그런데 이렇게 리더가 자세한 정보를 가지고 일의 의미를 부여하면 직원들은 자신의 일을 새로운 관점으로 보게 됩니다. 따라서 리더는 자신이 가진 정보를 의미부여의 연결점을 만드는 자원으로 활용할 줄 알아야 합니다.

두 번째 연결점은 고객입니다. 직원들이 만든 제품이나 서비스가 실제로 고객에게 어떤 영향력을 미치는지 가시적으로 보여줄 때 직원들은 일의 의미감을 높일 수 있습니다. 고객들의 의견을 직접 또는 간접적으로 듣는 것도 도움이 됩니다.

글로벌 의료기기 업체 메드트로닉(Medtronic)은 매년 회사로 고객을 초청해 강연회를 개최합니다. 고객의 대부분은 회사가 만든 의료기기의 도움을 받아 병을 치료했거나 위험한 순간에 목숨을 구한 사람들입니다. 직원들은 고객의 경험과 감사의 말을 들으며 자신들이 하는 일이 고객과 사회에 좋은 영향력을 미치고 있다는 자부심을 키우게 되고, 그들의 일에 대한 의미감도 높아집니다.

마지막 연결점은 그 일을 담당하는 직원의 성장입니다. 리더는 이일에서 성과를 내는 것이 장기적으로 직원 개인의 성장에 어떤 도움이 되는지 설명해주어야 합니다. 직원들은 대부분 리더보다 직무 경험이 적기 때문에 조직 내에서 원하는 커리어 목표가 있어도 거기에 도달하는 방법을 잘 모르는 경우가 많습니다. 이때 리더가 직원의 커리어 목표를 파악하여 도움이 되는 업무를 부여하면 직원들을 더욱 동기부여할 수 있습니다. 만약 직원의 커리어 목표와 관련된 업무를 당장은 부여하기 어렵다면 지금 하는 일을 통해 향후 필요한 역량을 습득하거나 인정받는 기회가 되도록 도와주면 됩니다. 무엇보다 중요한 것은 지금 직원 개개인이 담당하는 일이 조직의 목표뿐 아니라 자신의 성장에도 도움이 된다는 사실을 인식시키는 것입니다.

리더의 피드백이 업무의 결과를 바꾼다

리더의 피드백 또한 일의 의미감을 좌우하는 중요한 요소입니다. 리더가 업무결과를 어떻게 피드백하느냐에 따라 직원들이 느끼는 일의 의미감은 달라지고, 이에 따라 업무성과도 달라집니다.

행동경제학자이자 듀크대학교 교수인 댄 애리얼리(Dan Ariely)가 일명 '의미게임' 실험으로 이를 입증했습니다.[24] 그는 실험 참가자들에게 단어가 여러 개 적힌 종이를 한 장 주며 S가 연이어 2개 들어간 단어를 10개 찾아달라고 요청했습니다. 이 실험은 첫 번째 과제를 완수하면 55센트를 주고 두 번째부터는 보상이 5센트씩 줄어들도록 설계되었습니다. 그는 실험 참가자들을 세 그룹('인정'그룹, '무시'그룹, '파기'그룹)으로 나누고 과제를 제출할 때 그룹별로 감독관이 서로 다른 피드백을 주도록 한 후 참가자들이 이 과제를 언제까지 계속하는지 살펴보았습니다.

첫 번째 '인정'그룹에서는 과제를 제출할 때마다 감독관이 한번 훑어보고 '좋아요', '잘했어요'와 같이 간단한 피드백을 준 후 종이를 옆에 쌓아놓았습니다. 두 번째 '무시'그룹에서는 감독관이 제출된 종이를 쳐다보지도 않고 받은 대로 그냥 한쪽에 쌓아두었습니다. 마지막 세 번째 '파기'그룹에서는 참가자가 종이를 제출하자마자 감독관이 그 앞에서 바로 종이를 분쇄기에 넣고 파기해버렸습니다.

이런 상황에서 각 그룹의 참가자들은 과연 몇 장까지 과제를 수행했을까요? 실험 결과 인정그룹이 평균 9.03장으로 가장 많은 과제를 수행했고 마지막 보상금은 15센트였습니다. 무시그룹은 평균 6.77장, 파기그룹은 평균 6.34장까지 과제를 수행했으며 이 두 그룹의 마지막 보상금은 동일하게 30센트였습니다.

댄 애리얼리 교수는 이 실험을 통해 두 가지 결론을 도출했습니다. 먼저, 인정그룹에서 볼 수 있듯 노력과 성과를 인정하는 피드백이 직원들을 동기부여한다는 것입니다. 이 때문에 인정그룹은 보상이 낮아져도 꽤 오랫동안 과제를 수행했습니다. 반면 자신의 일이 인정받지 못한다고 느끼는 사람들은 금전적 보상에 더욱 집착하게 됩니다. 그래서 무시그룹과 파기그룹은 보상금이 내려가자 더는 과제를 수행하지 않고 빨리 포기했습니다.

또 애리얼리 교수는 리더의 무반응이 직원들이 지니고 있던 '일의 의미'를 심하게 훼손한다는 점을 지적했습니다. 실험에서 무반응을 보인 무시그룹과 과제물을 곧바로 없애버린 파기그룹은 과제를 포기한 지점이 각각 6.77장과 6.34장으로 매우 비슷했습니다. 즉 무반응의 피드백은 눈앞에서 성과를 파기하는 것과 유사한 수준으로 '일의 의미감'에 악영향을 끼친다는 뜻입니다.

때때로 리더들은 직원이 열심히 써 온 보고서를 나중에 보겠다고 받아놓고는 꽤 오랫동안 아무런 피드백을 주지 않는 경우가 있습니다. 어떤 리더는 보고서에 지적할 부분이 없으니 피드백이 없는 것이라며 무반응에 대한 변명을 내놓기도 합니다. 하지만 이런 상황에서 직원들이 업무에 최선을 다하고 좋은 성과를 낼 수 있을까요? 피드백은 업무관리에서 리더의 옵션이 아니라 의무이며, 무반응은 리더가 생각하는 것보다 훨씬 더 일의 의미감 형성에 나쁜 영향을 준다는 것을 다시 한번 되새겨야 할 것입니다.

리더의 사소한 말 한마디가 일의 의미감을 없앤다

일의 의미감은 리더의 사소한 말 한마디로 한순간에 사라지기도 합니다. 한 직원이 두 가지 업무를 동시에 진행하고 있었습니다. 하나는 자신의 본업인 A업무였고, 다른 하나는 옆 부서가 주도하는 일이지만 자신의 도움이 꼭 필요한 B업무였습니다. B업무는 추가적으로 주어진 일이지만 회사에서 중요하게 추진하는 과제였기에 이 직원도 열심히 했습니다. 그런데 하루는 팀장이 퇴근을 하려다가 이 직원이 B업무로 늦는 것을 보고는 배려하는 어조로 말합니다. "그런 일을 뭐 이렇게 늦게까지 하고 있어. 어차피 여러 부서가 같이 하는 거니까 대강 하고 빨리 퇴근해요."

팀장은 옆 부서가 주도하는 일까지 맡아 늦게까지 일하는 직원이 안쓰럽고 먼저 퇴근하려니 미안한 마음이 들어 그렇게 말했을 수 있습니다. 실제로 많은 리더가 이런 말을 '일찍 퇴근하라'라는 배려의 말로 착각하죠. 그러나 정작 이 말을 들은 직원의 느낌은 어떨까요? 1분 전까지 열정을 다하던 그 일이 '대강 해도 되는, 그저 그런 일'이 되고 맙니다. 리더의 의도가 아무리 선하다고 해도 이 변화된 인식은 바뀌지 않으며, 돌이킬 수도 없습니다. 이 사례에서 알 수 있듯, 모름지기 리더라면 자신도 모르는 사이에 가벼운 말 한마디로 직원들이 하는 일의 가치를 훼손하지 않도록 주의를 기울여야 합니다.

조직이론의 대가 칼 와익(Karl Weick)은 리더의 가장 중요한 일은 '센스 메이커(sense maker, 의미를 만드는 사람)'로서의 역할이라고 말했습니다. 직원들이 일에서 의미를 찾고 열정을 다하기를 바란다면 리더가 도와주어야 합니다. 리더가 먼저 센스 메이커가 되어 일 주변에 흩어져 있는 의미를 찾아 연결해주고 업무결과에 대해 적절한 피드백을 제공해주어야 하는 것입니다. 이때 비로소 직원들도 스스로 의미를 찾고 업무에 열정을 다할 수 있습니다.

'센스 메이킹' 연습하기

최근에 직원에게 업무를 지시했던 경험을 떠올려보세요. 업무를 지시하면서 어떤 말을 하셨나요? 일의 의미를 부여하는 것에 초점을 맞춘다면 업무 지시 내용을 어떻게 바꿀 수 있을까요?

☑ 최근에 했던 업무 지시 내용을 기술해보세요.

☑ 일의 의미를 부여한다는 관점에서 업무 지시 내용을 어떻게 바꿀 수 있을지 적어보세요.

결과를 바꾸는
리더의 칭찬 한마디
: 칭찬 잘하는 법 :

MZ세대 직원들에게 상사의 리더십 중 아쉬운 부분을 물어보면 빠지지 않고 나오는 얘기가 있습니다. 바로 '칭찬에 인색하다'라는 점입니다. 이들은 어린 시절부터 작은 일에도 칭찬과 인정을 당연한 것처럼 받아온 세대입니다. 학창 시절에는 공부는 물론이고 줄넘기만 잘해도, 글씨만 예쁘게 써도 상을 받았던 소위 '트로피 키즈(trophy kids)'입니다. 그런데 사회에 나와서는 '잘했다'라는 칭찬 한마디를 듣기가 쉽지 않습니다. 지금까지 살아온 인생 중 가장 고군분투를 하고 있음에도 말이죠. 그래서 이들은 때때로 자신이 잘하고 있는 건지, 혹시 민폐 캐릭터가 되어가고 있는 건 아닌지 점점 더 불안해진다고 합니다.

　리더들은 리더들대로 나름의 항변을 합니다. 본인들이 실은 칭찬을 별로 들어본 적도 없고 해본 적도 없어서 입이 잘 안 떨어지고 어색하다는 것이죠. '욕 안 먹으면 그게 바로 칭찬'이라는 다소 과격한 논리를 펴기도 합니다. 리더들이 칭찬에 인색한 진짜 이유는 무엇일까요?

리더는 왜 칭찬을 소홀히 할까?

《하버드 비즈니스 리뷰》에 따르면 실제로 많은 리더가 칭찬을 잘 하지 않는 것으로 나타났습니다.[25] 7,808명의 리더들을 대상으로 조사한 결과 칭찬 등 긍정적 피드백을 하지 않는다는 리더가 무려 37%에 달했습니다. 반면 지적이나 질책 등 부정적 피드백을 하지 않는다는 리더는 21%로 훨씬 적게 나타났습니다.

　리더들 대다수는 직원들이 잘못된 행동을 했을 때 이를 지적하고 개선시키는 것을 리더 본연의 중요한 역할이라고 생각합니다. 그래서 불편하고 어렵더라도 직원들에게 개선사항을 피드백으로 제시하고자 노력합니다. 그렇다면 칭찬은 어떨까요? 많은 리더가 칭찬에 대해 '하면 좋은 선택사항'이나 '조직에 활력을 주는 수단' 정도로만 생각합니다. 심지어 칭찬을 자주 하는 리더를 '싫은 소리 못하는' 유약한 리더로 보는 시각도 있죠. 결국 리더가 칭찬에 소홀한 이유는 '칭찬'이 리더에게 주어지는 중요한 책무는 아니라고 생각하기 때문입니다.

실제로 위의 연구에서 리더의 73%는 자신이 부정적 피드백을 했을 때 효과적인 피드백을 했다고 느끼는 반면, 칭찬과 같은 긍정적 피드백을 했을 때는 41%만이 효과적 피드백을 했다고 느끼고 있었습니다. 많은 리더가 칭찬의 효과를 과소평가하고 있는 겁니다.

긍정적 피드백은 업무 열정에 불을 붙인다

그러나 실제로 피드백을 받는 직원들의 생각은 달랐습니다. 부정적 피드백이 더 효과적이라고 응답한 리더들과 달리 직원들은 칭찬과 같은 긍정적 피드백이 자신에게 더 도움이 된다고 응답했습니다. 리더 328명을 대상으로 다면평가를 한 결과, 직원의 53%는 긍정적 피드백을 받았을 때 도움이 되었다고 느끼는 반면, 부정적 피드백으로 도움을 받았다고 느끼는 직원은 36%에 불과했습니다.[26]

리더 입장에서는 '직원들이야 당연히 칭찬받는 게 좋겠지!'라고 가볍게 생각할 수도 있습니다. 하지만 여기서 부정적 피드백과 긍정적 피드백의 본질적인 차이를 생각해볼 필요가 있습니다. 부정적 피드백은 잘못된 행동에 경고를 주어서 하던 일을 못하게 하거나 제대로 된 방향으로 이끌기 위해 하지 않던 행동을 시작하게 합니다. 즉 행동을 바꾸게 만드는 것이죠. 반면, 칭찬과 같은 긍정적 피드백은 스스로 잘하는 것인지 잘못하는 것인지 모르는 상황에서 그것이 잘하는 것이라고 알려주고 그 행동을 계속하도록 독려합니다. 이를 통해 직원들은 자신의 행동에 확신을 갖고 업무에 더 몰입할 수 있게 됩니다.

갤럽의 연구에 따르면 긍정적 피드백을 받는 직원이 업무에 더 몰입하는 것으로 나타났습니다.[27] 리더가 직원들의 강점을 알고 칭찬하는 경우 직원들의 67%가 업무에 강하게 몰입한다고 응답한 반면, 리더가 약점을 지적하고 개선하는 데 집중하는 경우에는 직원들의 31%만이 업무에 몰입한다고 응답했습니다. 이 연구에서도 확인할 수 있듯이, 리더의 긍정적 피드백은 직원들의 업무 열정에 불을 붙입니다.

'칭찬 잘하는 리더'가 되는 법

어떻게 하면 칭찬을 잘할 수 있을까요? 다음과 같은 부분에 관심을 기울인다면 칭찬의 효과를 더욱 높일 수 있습니다.

첫째, 칭찬은 눈에 띄는 즉시, 그 자리에서 바로 하는 것이 가장 효과적입니다. 그래야 생생한 느낌을 전달할 수 있습니다. 바로바로 칭찬을 하지 않으면 그 내용을 잊고 지나가버릴 가능성이 높은데, 이는 결국 직원의 장점을 알려줄 좋은 기회를 놓치는 것과 같습니다. 따라서 칭찬은 주저하지 말고 그 자리에서 바로 하는 것이 가장 좋습니다.

그런데 이런 순간이 저절로 만들어지지는 않습니다. 리더가 칭찬의 타이밍을 잘 포착하려면 직원들을 항상 애정 어린 눈으로 관찰해야 합니다. '어디 잘하나 보자'가 아니라 '잘하는 점이 무엇인지 찾아보자' 하는 시선이 필요합니다. 리더가 애정과 관심을 가지고 관찰할 때 비로소 직원들의 장점을 발견할 수 있습니다.

둘째, 칭찬은 구체적이어야 합니다. 리더의 칭찬은 단순히 직원의 기분을 띄워주기 위한 것이 아닙니다. 칭찬을 통해 직원이 무엇을 업무에서 실제로 잘했는지 알려주고 그들의 강점을 더욱 강화하기 위해 필요한 것이죠. 단순히 "잘했어요", "좋네요" 같은 말만으로는 기대하는 효과를 얻기 어렵습니다. 따라서 칭찬을 할 때는 직원들이 자신의 강점을 제대로 인식할 수 있도록 범위를 좁혀서 구체적인 내용으로 하는 것이 좋습니다.

셋째, 칭찬은 반드시 칭찬할 일이 있을 때에만 진정성 있게 해야 합니다. 마음이 아니라 입에서 나온 칭찬은 효과가 떨어집니다. 가끔 일을 너무 많이 시켜서, 또는 데드라인을 촉박하게 준 것 때문에 미안한 마음이 들어서 칭찬을 하는 경우가 있습니다. 그러나 칭찬을 과중한 업무를 부여한 후 그것을 무마하는 수단으로 삼아서는 안 됩니다. 이는 칭찬의 가치를 훼손하는 것입니다.

칭찬할 만한 일이 있었음에도 불구하고 이를 놓치는 것은 리더 입장에서는 동기부여의 기회를, 직원 입장에서는 인정받을 기회를 잃는 일입니다. 칭찬은 리더가 바쁜 업무를 다 처리하고 여유가 생겼을 때 문득 생각나서 하는 것이 아니라, 그 자체로 리더의 중요한 역할임을 잊어서는 안 될 것입니다.

나만의 칭찬 원칙 만들기

어떤 리더는 칭찬을 습관화하기 위해 매일 아침 동전 5개를 오른쪽 주머니에 넣고 칭찬을 할 때마다 오른쪽 주머니에 있던 동전 1개를 왼쪽 주머니로 옮겼다고 합니다. 하루에 최소한 다섯 번 이상 칭찬을 하자는 목표였던 것이죠.

칭찬은 직원의 장점을 알려주고 동기부여하는 좋은 방법입니다. 오늘 충분히 칭찬하셨나요? 하루 동안 직원들에게 해준 칭찬을 떠올려보세요. 또 칭찬을 통해 직원들을 동기부여하기 위한 나만의 칭찬 원칙도 만들어보세요.

☑ **오늘 내가 한 칭찬**

1.

2.

3.

4.

5.

☑ 내가 듣고 싶은 칭찬

1.

2.

3.

4.

5.

☑ 나만의 칭찬 원칙

1.

2.

3.

4.

5.

12

번아웃,
리더가 막아줄 수 있다
: 업무적 · 정서적 지원 방법 :

갤럽이 1만 2,000여 명의 직장인을 대상으로 조사한 결과, 응답자의 76%가 때때로 번아웃을 경험하는 것으로 나타났습니다.[28] 우리나라도 주 52시간 근무제 도입 이후 직원들의 '워라밸'* 이 나아졌다고는 하지만 번아웃을 호소하는 경우가 여전히 많습니다.

　세계보건기구(WHO)는 번아웃을 '만성적인 직장 스트레스 증후군'으로 정의하고 그 증상을 세 가지로 구분했습니다.[29] 첫 번째는 신

---

* 일과 생활의 균형을 뜻하는 워크 & 라이프 밸런스(work & life balance)의 줄임말.

체적·정신적 에너지의 소진(exhaustion)입니다. 번아웃의 대표적 증상으로, 내 몸에 있는 에너지가 다 빠져나가 바닥난 것처럼 느껴지는 것입니다. 두 번째는 냉소(cynicism)입니다. 자신의 일이 가치 없게 느껴지고 부정적인 시각이 점점 강해집니다. 마지막으로 무능력(incompetence)입니다. 더 이상 무엇인가를 성취할 수 없다는 생각이 들면서 좌절감을 느끼게 됩니다.

직무요구와 직무자원

번아웃은 단순히 육체적 피로감을 말하는 것이 아니라 정서적·심리적 불안을 포함하는 개념입니다. 번아웃을 설명하는 이론으로 '직무요구-자원(JDR, Job Demands-Resources) 모델'이라는 것이 있습니다.[30] 이 이론에서는 직장 일과 관련된 모든 것을 '직무요구(Job demands)'와 '직무자원(Job Resources)' 두 가지로 구분합니다.

직무요구란 말 그대로 직원들의 육체적·정신적 노력을 요구하는 것들로 과중한 업무량이나 모호한 커뮤니케이션, 업무상의 갈등을 그 예로 들 수 있습니다. 이러한 직무요구가 해소되지 않고 점차 커지기만 하면 직원들이 번아웃에 빠지게 됩니다.

반면 직무자원은 이런 직무요구의 부정적인 영향을 완화해주는 역할을 합니다. 상사의 업무적·정서적 지원이 대표적 예라고 할 수 있죠. 어려운 상황에서 직원이 리더의 지원을 받는다고 느낄 때 약 70%까지 번아웃이 완화된다는 연구결과도 있습니다.[31] 따라서 리더가 직원들에게 '직무자원'이 되어 직원들이 번아웃되지 않도록 도와주어야 합니다. 그렇다면 번아웃의 원인은 구체적으로 무엇이고, 리더는 직원들을 어떻게 도와줄 수 있을까요?

번아웃을 막아주는 리더십

첫 번째로, 모두가 예상하는 바와 같이 번아웃은 감당하기 어려울 정도로 업무량이 많을 때 발생합니다. 일례로, 주 52시간 근무제 이후 일을 잘하는 직원에게 업무가 편중되는 경우가 많아졌다고 하는데, 이때 일을 잘하는 고성과 직원이 과중한 업무량으로 인해 성과가 떨어지는 경험을 하게 되면 더 깊은 번아웃에 빠질 수 있습니다. 따라서 리더는 부서 전체의 업무량뿐 아니라 직원 개개인의 업무량을 잘 파악해 특정 직원에게 일이 몰리지 않도록 미리 조치를 취해줄 필요가 있습니다.

특히 업무를 추가로 부여할 때는 각 직원에게 현재의 업무 상황을 물어보고 업무량이 과중하다고 생각되면 일을 다시 배분하거나 우선순위를 조정해주어야 합니다. 단순히 '일 많이 주고 고과도 잘 챙겨주면 되지'라고 생각하는 것은 좋은 해결책이 아닙니다.

두 번째로, 번아웃의 원인은 조직에서 받는 부당한 대우 때문이기도 합니다. 갤럽의 연구결과를 보면, 부당한 대우를 받는다고 느낄 때 번아웃이 발생할 확률이 2.3배 높아지는 것으로 나타났습니다.[32] 여기서 말하는 부당한 대우란 꼭 평가나 보상에서의 불이익을 의미하는 것은 아닙니다. 여기에는 직장에서 겪는 편견이나 차별, 상사나 동료의 무례한 행동이 모두 포함됩니다. 따라서 리더는 직원의 성과에 대해 공정하게 평가하는 것은 물론이고 직원들이 서로를 배려하고 존중하는 태도를 보이도록 세심히 관리해주어야 합니다.

세 번째, 개인의 역할과 책임이 명확하지 않을 때도 번아웃 현상이 나타납니다. 역할과 책임이 분명하지 않으면 일을 추진력 있게 해나가기가 어렵습니다. 특히 직원 간에 역할 분담이 모호해져 회색지대가 생겨나면 이를 조정하느라 많은 에너지가 들고 갈등 발생의 소지도 있습니다. 따라서 리더는 업무별로 직원에게 기대하는 결과가 무엇인지 명확히 함으로써 역할의 모호함에 따른 에너지 낭비가 생기지 않게 해야 합니다.

마지막으로, 과도한 시간압박이 있을 때 직원들이 번아웃될 가능성이 높아집니다. 물론 어떤 일이든 그 일을 진행하는 과정에서 시간압박이 전혀 없을 수는 없고 당연히 데드라인도 필요합니다. 그러나 담당자가 업무의 질(quality)을 유지하기 어려울 정도로 데드라인이 촉박하다면 문제가 될 수 있습니다. 따라서 리더가 업무를 부여할 때는 해당 업무의 담당자가 생각하는 적절한 납기도 함께 물어보는 것이 좋습니다.

가장 좋은 것은 담당자의 계획대로 진행되는 일정입니다만 이를 앞당겨야 할 때도 많습니다. 하지만 그 경우에도 담당자가 생각하는 적절한 납기를 리더가 알고 있는 것은 매우 중요합니다. 리더가 이 점을 미리 파악하고 있으면 일정을 조정할 때 담당자와 더 긴밀한 논의가 가능해지고, 담당자는 빠듯한 일정임을 리더가 알고 있다고 믿기에 심리적 압박감을 덜 받게 됩니다. 따라서 번아웃될 가능성도 낮아집니다.

직원들의 번아웃은 과도한 업무량이나 근무시간 등 물리적 이유에서만 오는 것이 아니라 이렇듯 다양한 원인에 의해 발생합니다. 그러므로 리더는 직원들의 번아웃을 미연에 방지하고 관리하기 위해 다양한 측면에서 각별한 관심을 기울여야 할 것입니다.

번아웃 자가진단 체크리스트

학계에서는 공통적으로 '소진'과 '냉소'를 대표적인 번아웃 증상으로 얘기합니다. 아래 체크리스트로 번아웃 자가진단을 해보세요.

☑ 소진: 과도한 심리적 부담감과 에너지 고갈

1. 내가 맡은 일을 수행하는 데 있어서 완전히 지쳐 있다.

2. 직장에서 일을 마치고 퇴근하면 완전히 지쳐 있다고 느낀다.

3. 아침에 일어나서 출근할 생각만 하면 피곤함을 느낀다.

4. 하루 종일 일을 해야 한다는 것이 나를 긴장시킨다.

☑ 냉소: 직무에 대한 거리감과 부정적 태도

5. 현재 맡은 일을 시작한 이후 업무에 대한 관심이 줄어들었다.

6. 내가 맡은 일을 하는 데 있어서 소극적이다.

7. 나의 직무기여도에 대해 냉소적이다.

8. 나의 직무의 중요성이 의심스럽다.

자료: 신강현 (2003). "일반직 종사자를 위한 직무 소진 척도(MBI-GS)에 대한 타당화 연구". 《한국심리학회지: 산업 및 조직》, 16권 3호, 1-17.

13

'쓴소리', 어떻게 전달할까?

: 부정적 피드백의 기술 :

직원이 과제의 납기를 여러 번 어기거나 다른 직원과 갈등을 일으킬 때, 또는 지속적으로 낮은 성과를 보일 때 리더 여러분은 어떻게 하시나요? 이런 문제가 생길 때 이를 개선하기 위한 목적으로 하는 피드백을 '부정적 피드백(negative feedback)'이라고 합니다.

그런데 요즘 리더들 사이에서는 문제를 파악하더라도 직원들에게 피드백을 해주기가 어렵다는 얘기가 많이 나옵니다. 더 잘해보자는 의미로 해준 말인데도 '싫은 소리'로 치부하거나 금세 얼굴 표정이 굳어져 피드백하기가 부담스럽다고 고민을 토로하는 리더들도 있습니다. 또 한편에서는 얘기해도 별로 바뀌는 것 같지 않아 괜히 서로 얼굴 붉히느니 그냥 넘어가는 게 상책이라고 말하기도 합니다.

이렇듯 '부정적 피드백'은 쉽지 않은 일입니다. 더구나 조직에 밀레니얼 세대가 증가하면서 리더에게 더 많은 고민을 안겨주고 있는 부분이기도 합니다. 하지만 고민한다고 저절로 해결이 되지 않는 것만은 분명하죠. '부정적 피드백'을 효과적으로 하는 방법을 제대로 알고 활용하는 것이 중요합니다.

부정적 피드백의 필수 요소, 배려와 솔직함

존 맥스웰(John Maxwell)은 "리더가 부정적 피드백을 꺼리는 것은 직원과 관계가 나빠질 것을 걱정하기 때문"이라고 말했습니다. 부족한 부분을 지적했다가 직원들과 관계가 껄끄러워지면 이후에 업무를 지시하기가 더 어려워질까 봐서 부정적 피드백을 제대로 하지 못한다는 겁니다. 맥스웰은 필요한 경우 부정적 피드백을 해주면서도 직원들과 좋은 관계를 유지하는 방법으로 '배려(care)'와 '솔직함(candor)'을 제시했습니다. 배려와 솔직함이 담긴 피드백을 할 때 리더가 문제에 대해 정확히 얘기하면서도 직원과의 관계를 해치지 않을 수 있다는 겁니다.[33]

그렇다면 둘 중 하나가 없다면 어떤 일이 일어날까요? '배려 없는 솔직함'은 때때로 상대방을 공격하는 무기가 됩니다. 아무리 좋은 의도로 한 말이라 하더라도 리더의 말이 거칠게 전달된다면, 받아들이기에 따라서는 피드백이 아니라 괴롭힘으로 변질될 수 있습니다. 그러므로 부정적 피드백을 할 때는 무엇보다도 상대방의 입장을 고려하는 배려심이 동반되어야 합니다.

반대로 '솔직함 없는 배려'는 어떨까요? 이 경우는 문제의 논점을 흐리게 됩니다. 직원을 배려한다는 명목으로 지적해야 할 부분을 정확히 말하지 못하고 에둘러 표현할 가능성이 높기 때문이죠. 이런 경우 직원은 부정적 피드백을 받고도 무엇을 개선해야 할지 몰라 당황하게 됩니다. 결국 배려도 솔직함도 모두 놓치게 되는 셈이죠. 그렇다면 배려와 솔직함이 함께 담긴 부정적 피드백은 어떻게 해야 할까요?

긍정적 의도를 전달하라

먼저 부정적 피드백을 시작할 때는 '이 대화를 통해 당신이 보다 성장하고 발전하기를 바란다'라는 리더의 긍정적 의도를 전달하는 것이 중요합니다. 조직이나 리더 개인의 이익을 위해 직원을 압박하는 것이 아니라, 궁극적으로 직원의 이익을 위한 대화라는 확신을 주어야 합니다. 이는 리더가 진심으로 직원을 위하는 마음을 가지고 있어야만 가능한 일입니다.

좀 더 구체적으로 보자면, 리더가 직원에게 5분 동안 부정적 피드백을 하기 위해서는 적어도 그 네다섯 배의 시간을 할애해 준비를 해야 합니다. 화가 나서 즉흥적으로 내뱉는 말은 부정적 피드백이 아니라 질책이나 화풀이입니다. 리더가 진심으로 자신을 위해 하는 말이라는 것이 느껴질 때 직원도 열린 마음으로 대화를 시작할 수 있습니다.

문제점을 솔직하게 제시하라

긍정적 의도를 전달한 다음에는 문제를 솔직하게 드러내야 합니다. 이 단계에서 중요한 것은 리더가 직원의 행동을 주관적으로 평가하지 말고 관찰한 사실을 객관적으로 전달해야 한다는 점입니다.

예를 들어 "계속 납기를 지연시키다니 너무 게으른 거 아니야?"라고 말하기보다는 "한 달 동안 납기가 세 번이나 지연되어 전체 일정이 늦어지고 있다"라고 말하는 것이 문제를 객관적으로 지적하는 방법입니다. '게으르다'라는 것은 말하는 사람의 주관적 관점입니다. 문제를 지적할 때 부정적 평가가 들어가면 직원은 비난받는다는 생각에 방어적 태도를 취하게 됩니다. 따라서 리더가 직원에게 부정적 피드백을 해야 할 때는 리더 자신의 주관적 관점이 아니라 문제에 초점을 맞춘 객관적 사실을 제시해야 합니다.

그런데 문제점을 이야기할 때 자주 범하는 오류 중 하나가 다른 사람의 의견을 인용하는 것입니다. 이는 직원과의 관계를 이전처럼 좋은 상태로 유지하면서 문제를 드러내고 싶은 마음에서 비롯되는 경우가 많지만, 실상은 피드백을 망치는 지름길입니다. '팀원들이 다 그러는데', '지난번에 팀장님도 김대리의 문제를 지적하셨는데'와 같은 말은 피드백의 객관성과 솔직함을 모두 해치기에 경계해야 합니다.

또 대화 중에 '항상', '늘', '언제나', '단 한번도'와 같은 표현은 쓰지 않는 것이 좋습니다. '김대리는 항상 회의에 지각을 한다'라거나 '한 번도 고객응대를 제대로 한 적이 없다'라는 말은 상대방의 행동 전체를 부정하는 말입니다. 이런 말을 들으면 사람들은 '내가 언제?', '딱 한 번이었는데' 같은 생각을 하며 거부감을 보이게 됩니다. 리더 입장에서는 문제의 심각성을 강조하려는 의도였을지 모르지만 내용의 객관성이 떨어져 결국 피드백은 실패하게 될 겁니다. 문제점을 제시할 때는 다른 사람이 아닌, 리더가 직접 관찰한 내용이나 객관적 데이터를 사용해야 합니다.

개선방안을 물어보고 지원을 약속하라

부정적 피드백은 직원이 문제를 개선하겠다는 의지를 보이고 리더가 지원을 약속하는 것으로 마무리해야 좋습니다. 그런데 여기서 개선방안을 찾는 주체는 리더가 아니라 직원이어야 합니다. 리더의 입에서 개선방안이 나오면 '지시'가 되지만, 직원의 입에서 나온 개선방안은 '약속'이 됩니다. 개선방안에 대한 선택권이 직원에게 주어져야만 피드백이 끝난 뒤 실행 가능성도 높아집니다.

직원이 적절한 개선방안을 도출하도록 리더가 도와주는 방법은 좋은 질문을 던지는 것입니다. 다음은 리더가 활용할 수 있는 질문들입니다.

- 이 문제를 본인도 인식하고 있는가?
- 혹시 이런 문제가 발생한 데에 특별한 이유나 사정이 있었는가?
- 이를 개선할 방법은 무엇이라고 생각하는가?
- 개선을 위해 가장 먼저 실천할 수 있는 것은 무엇인가?

리더는 이런 질문을 통해 직원이 스스로 생각을 정리하고 개선방안을 모색하도록 도와주어야 합니다. 그리고 대화를 마치기 직전 '혹시 내가 도와줄 것이 있으면 언제든지 얘기해달라'라는 말로 지원과 지지를 전달한다면 더욱 좋겠죠. 질책이 아니라 지원이 있을 때 직원들은 개선의 의지를 다질 수 있고, 리더의 부정적 피드백은 효과를 발휘할 수 있을 것입니다.

부정적 피드백 연습하기

부정적 피드백을 하는 것은 쉽지 않습니다. 그만큼 많은 준비가 필요하기도 합니다. 부정적 피드백이 필요한 직원과 어떤 대화를 나누면 좋을지 주제를 떠올린 뒤 다음 단계에 따라 부정적 피드백을 주는 연습을 해보시기 바랍니다. 이때 감정이 앞선 질책이나 화풀이, 객관적 사실 제시가 아닌 주관적 평가는 삼가야 합니다. 또 '항상', '늘', '언제나', '단 한번도' 등의 표현은 피해야 함을 꼭 기억하세요.

☑ 긍정적 의도 전달하기

☑ 문제를 솔직하게 제시하기

☑ 개선방안 논의하고 지원 약속하기

'직원 경험'을 디자인하라

: 리더의 도움이 필요한 순간들 :

'직원 경험(employee experience)'이라는 말을 들어본 적 있으신가요? 직원 경험이란 '직원 개인이 입사해 퇴직할 때까지 직장에서 겪는 모든 경험과 이를 통해 형성된 직장에 대한 인식'을 말합니다.

IBM연구소(IBM Smarter Workforce Institute)는 직원 경험이 좋은 기업(상위 25%)이 그렇지 않은 기업(하위 25%)보다 약 두 배의 매출수익률(ROS)을 올린다는 결과를 발표한 바 있습니다.[34] 이 연구에서는 긍정적인 직원 경험을 5개 영역(소속감, 목적의식, 성취감, 행복, 활력)으로 정의하였는데, 이렇게 직원들이 직장에서 좋은 경험을 많이 할수록 조직성과가 높아진다는 연구가 나오면서 직원 경험에 대한 관심이 높아지고 있습니다. 여기서 말하는 좋은 경험이란 조직구성원 간의 존중과 배려, 성과를 내며 성장하는 것, 공정한 대우 등 조직에서 직원들이 긍정적으로 인식하는 경험을 모두 포함합니다.

그러나 실상 직장에서 일을 하며 좋은 경험만 할 수는 없고 노력한 만큼 성과를 얻지 못하거나 갈등이 생길 때도 있게 마련입니다. 그렇다면 리더가 직원의 이런 부정적 경험을 최소화하고 그 대신 좋은 경험을 더 많이 쌓을 수 있도록 돕는 방법은 무엇일까요?

경험하는 자아와 기억하는 자아

대니얼 카너먼의 이론에서 유용한 팁을 찾아보려고 합니다. 그는 사람에게는 2개의 자아, 즉 '경험하는 자아(experienced self)'와 '기억하는 자아(remembered self)'가 있다고 말했습니다.[35] 경험하는 자아는 '즐겁다', '괴롭다' 등 현재의 상태를 느끼는 자아이고, 기억하는 자아는 과거의 경험을 꺼내 이를 회상하는 자아입니다. 즉, '지금 어때요?'라는 질문에 대답하는 자아는 경험하는 자아이고, '그때 어땠어요?'라는 질문에 대답하는 자아는 기억하는 자아입니다. 그런데 이 2개의 자아가 항상 일치하는 것은 아닙니다. 몇 가지 서로 다른 상황을 살펴보겠습니다.

첫 번째 상황입니다. 가족과 오랜만에 여행을 가서 즐거운 휴가를 보냈습니다. 그 당시의 '경험하는 자아'가 즐거움을 느꼈고 이후의 '기억하는 자아'가 행복한 기억을 떠올린다면, 이 경우는 2개의 자아가 일치하는 것입니다.

두 번째 상황은 조금 다릅니다. 회사에서 어려운 과제를 담당하게 되었습니다. 그리고 몇 달 동안 전쟁 같은 시간을 보낸 끝에 다행히 좋은 성과로 과제를 마무리하게 되었습니다. 경험하는 자아는 당시에 그 시간을 매우 고통스럽게 느꼈을 겁니다. 반면 좋은 성과를 낸 후 기억하는 자아는 이 일을 매우 뿌듯하고 보람된 시간으로 회상하겠죠. 이 경우는 두 자아가 일치하지 않는 것입니다.

그런데 이 두 자아 중 평가와 판단, 즉 결정권을 가진 쪽은 경험하는 자아가 아니라 기억하는 자아입니다. 그래서 카너먼 교수는 '실제 경험이 지나가면 기억하는 자아의 독재가 시작된다'라고 말했습니다. 일을 해나가는 동안 아무리 힘들게 느껴졌던 과제라도 좋은 기억으로 남았다면 직원들은 기꺼이 어려운 과제에 다시 도전할 겁니다. 기억하는 자아가 그쪽으로 결정을 이끌기 때문이죠. 따라서 좋은 직원 경험을 만들어주려면 순간순간의 긍정적인 느낌도 중요하지만 이것이 좋은 기억을 형성할 수 있도록 만들어주는 것이 더욱 중요합니다.

기억하는 자아에 영향을 미치는 순간들

직원들의 경험을 좋은 기억으로 만들어주기 위해 리더가 개입해야 할 2개의 시점이 있습니다. 바로 직원들이 가장 어려움을 겪는 '절정의 순간'과 모든 일이 마무리되는 '마지막 순간'입니다. 카너먼은 이를 '절정과 종결의 법칙(peak-end rule)'이라고 이름 붙였습니다. 즉, 어떤 경험에 대한 종합적 평가는 경험이 지속된 시간과는 관계없이 절정과 마지막 순간의 기억으로 결정된다는 것입니다. 이 두 시점이 총체적 경험 형성에 가장 큰 영향을 미치기 때문이죠.

먼저 직원들이 곧잘 어려움에 처하는 '절정의 순간'에 이를 지나치지 말고 리더로서 반드시 도움을 주고자 노력해야 합니다. 이 '절정의 순간'이란 직원들이 까다로운 고객 때문에 힘들어하는 순간일 수도 있고, 어려운 과제를 맡아 어떻게 해야 할지 갈피를 못 잡는 순간일 수도 있습니다.

그런데 이런 반문이 생길 수도 있습니다. 리더가 어떻게 이 모든 것을 다 도와줄 수 있겠냐, 직원들이 어려운 일도 스스로 헤쳐나갈 수 있어야 나중에 더 큰 일을 맡을 수 있지 않겠느냐고 말이죠. 하지만 리더가 직원을 도와준다는 것은 실제로 일을 같이 해주라는 의미가 아닙니다. 어려운 일을 맡았다는 것을 잘 알고 있다는 리더의 인정, 잘할 수 있을 거라는 격려의 말, 때로는 '고맙다'라는 말 한마디로도 직원들의 기억하는 자아를 바꿔줄 수 있습니다.

심리학자 존 가트맨(John M. Gottman) 교수는 이러한 순간을 '슬라이딩 도어의 순간(sliding doors moment)'이라고 지칭했습니다. 누군가가 어려움에 처해 내가 도와줄 수 있는 어느 순간은, 비유하자면 계속 열려 있는 문이 아니라 마치 슬라이딩 도어처럼 서서히 닫히는 문과 같다는 겁니다. 리더뿐 아니라 누구든지 다른 사람이 힘들어하는 모습을 보면 그 짧은 순간에 도와준다고 말할까, 아니면 그냥 지나칠까를 고민하게 됩니다. 다른 사람을 도와준다는 것은 예상하지 못한 시간과 에너지가 드는 일이기 때문이죠. 그래서 '내가 실질적으로 도와줄 것이 있을까?', '나도 바쁜데 선뜻 도와준다고 나섰다가 괜히 발목 잡히는 것은 아닐까?' 등 많은 생각이 스쳐 지나갑니다. 이런 생각으로 시간을 보내는 동안 슬라이딩 도어는 어느새 닫혀버리고 도움을 줄 기회는 사라지고 맙니다.

직원들이 곤경에 처한 '절정의 순간'도 이와 같습니다. 그러니 리더는 그 순간을 모르는 척할 것이 아니라 슬라이딩 도어가 닫히기 전에 직원들에게 다가가 어떤 도움이 필요한지 물어보아야 합니다.

마지막 순간을 어떻게 디자인할 것인가

또 하나의 중요한 시점은 바로 '마지막 순간'입니다. 마지막 순간이 기억에 결정적 영향을 미친다는 것은 여러 실험으로 입증된 바 있습니다. 그중 대표적 실험을 하나 살펴보겠습니다.

먼저 첫 번째 실험에서 참가자들은 14도의 찬물에 60초간 손을 담그고 있었습니다. 곧이어 두 번째 실험에서는 똑같이 60초간 14도의 찬물에 손을 담갔다가 물의 온도를 1도 높여 15도의 물에 30초간 손을 더 담그고 있었습니다. 즉 두 번째 실험에서 참가자들은 비록 온도가 1도 오르기는 했으나 15도의 찬물에 30초나 더 손을 담그고 있었던 겁니다.

이후 참가자들에게 다시 실험에 참여한다면 첫 번째와 두 번째 중 어느 실험에 참여하겠는지 물었습니다. 그 결과 놀랍게도 참가자의 약 80%가 두 번째 실험에 참여하겠다고 응답했습니다. 두 번째 실험이 첫 번째보다 찬물에 손을 담그고 있었던 시간이 30초나 더 길었는데도 말이죠. 실험이 잘못되었던 것일까요?

많은 참가자가 이런 선택을 한 것은 물의 온도가 조금 높아졌던 마지막 순간의 기억이 긍정적으로 작용했기 때문입니다. 그래서 비록 찬물에 손을 담그고 있는 시간 자체는 더 길었지만 물의 온도가 약간이라도 더 높아졌던 두 번째 실험에 다시 참여하기를 희망했던 겁니다. 이 실험이 보여주듯 '마지막 순간'은 그 어떤 순간보다도 매우 강렬한 기억을 남깁니다.

이런 원리는 직장생활에도 적용됩니다. 그러므로 리더는 모든 일의 마지막 순간을 잘 디자인해야 합니다. 직원들이 성과를 냈을 때는 그냥 지나치지 말고 반드시 칭찬과 인정으로 업무 의욕을 더 높여주어야 합니다. 또 열심히 했지만 여러 가지 사정으로 결과가 좋지 못했을 때는 직원이 좌절감에 빠지지 않도록 격려해주어야 합니다. 리더의 이런 노력이 결과 자체를 바꿀 수는 없을지라도 직원들에게 새로이 도전할 수 있는 힘을 불어넣어줄 겁니다. 그리고 이런 경험이 쌓이면서 직원들은 한 단계 더 성장할 수 있습니다.

직원 경험과 조직성과의 관계

IBM의 연구(113개 기업 대상)에 따르면 직원 경험은 조직 및 개인의 성과에 중요한 영향을 미치는 것으로 나타났습니다.

☑ **조직성과에 미치는 영향**

- 자산수익률(ROA): 직원 경험이 우수한 상위 25% 기업은 평균 6.3%, 하위 25% 기업은 2.2%로 약 세 배 차이
- 매출수익률(ROS): 직원 경험이 우수한 상위 25% 기업은 평균 16%, 하위 25% 기업은 8%로 약 두 배 차이

☑ **개인 성과에 미치는 영향**

- 자발적 추가 노력: 직원 경험이 높은 직원은 평균 95%, 낮은 직원은 55%가 업무에 추가적 노력을 투입(40%p 차이)
- 이직 의사: 직원 경험이 높은 직원은 평균 21%, 낮은 직원은 44%가 이직 의사를 가지고 있다고 응답(23%p 차이)

자료: IBM Smarter Workforce Institute (2018. 6).
"The Financial Impact of Positive Employee Experience".

침묵하는 직원들에게 필요한 것

: 심리적 안전감 조성하기 :

리더들이 답답해하는 것 중 하나가 직원들이 적극적으로 의견을 내놓거나 토론하지 않는다는 점입니다. 여기에는 다양한 이유가 있죠. 가뜩이나 일이 많은데 섣불리 의견을 내놓았다가 '그럼 이대리가 한번 더 알아봐'라는 응답이 돌아와 본인이 일을 떠맡게 되거나, 의견을 말해봤자 어차피 받아들여지지 않을 것이 뻔할 때 직원들은 입을 닫게 됩니다.

꼭 이런 상황까지 가지는 않더라도, 여러 사람 앞에서 말을 한다는 것 자체가 사실 긴장되고 두려운 일입니다. 말을 시작하기 전에 대부분 '내가 지금 생각하는 것을 끝까지 매끄럽게 말할 수 있을까', '내

말이 바보같이 들리면 어쩌지', '누군가 되받아치지 않을까' 하는 생각이 들게 마련이죠. 그래서 확신이 들 때까지 망설이고 눈치를 보다가 결국 입을 떼지 못할 때도 많습니다. 직원들이 다양한 의견과 아이디어를 내지 않으니 이전과 다른 창의적인 시도를 한다거나 팀 성과를 내기가 쉽지 않습니다. 결국 리더와 직원 모두 만족스럽지 못한 상황이 되는 거죠.

직장에 존재하는 이미지 리스크 세 가지

하버드 경영대학원의 에이미 에드먼드슨(Amy Edmondson) 교수는 이러한 현상에 대해 오랫동안 연구를 해왔습니다. 그리고 직원들이 입을 열게 하려면 조직에 '심리적 안전감(psychological safety)'을 조성해야 한다고 주장했죠. 심리적 안전감이란 "직원들이 자신의 생각이나 의견을 자유롭게 말해도 안전하다고 믿는 마음 상태"를 말합니다.[36] 여기서 '안전하다'라는 의미는 내가 다소 엉뚱한 질문을 하거나 실수한 일을 이야기해도 동료들이 나를 무시하거나 공격하지 않을 것이라고 믿는 겁니다. 이런 분위기에서 직원들은 설익은 아이디어라도 먼저 내놓은 다음 동료들과 함께 발전시키거나 자신이 실수했던 일을 공유하며 다른 직원들이 똑같은 실수를 반복하지 않도록 도움을 줄 수 있습니다.

사실 동료들 앞에서 모르는 것을 물어보고 자신의 실수를 드러내는 건 개인의 입장에서는 굉장한 리스크입니다. 에드먼슨 교수는 직장에 존재하는 이미지 리스크를 다음 세 가지로 제시했습니다.

첫 번째로 자신이 잘 모르는 것에 대해 물어보거나 정보를 구할 때 감수해야 하는 '무지의 이미지' 리스크입니다. 물어보는 것이 남들은 이미 다 아는 것일 때 '아니, 이런 것도 몰라?' 하는 냉소적 반응이 나올 수 있기 때문이죠. 그래서 동료들에게 물어보는 것을 주저하게 됩니다.

두 번째는 자신의 실수를 인정하거나 도움을 요청할 때 생기는 '무능의 이미지' 리스크입니다. 자칫 잘못하다가는 실력이 없다는 평판을 듣게 되고 경쟁에서 뒤처질 수도 있죠. 이 때문에 모르는 것도 아는 것처럼 말하거나, 자신의 실수를 알면서도 인정하기가 쉽지 않습니다.

마지막으로 다른 사람의 의견을 반박하거나 어떤 사안에 대해 문제를 제기할 때 감수해야 하는 '부정의 이미지' 리스크입니다. 사람들이 다 찬성하거나 긍정적으로 생각하는 사안에 대해 나만 반대하면 괜한 논란을 만든다며 눈총을 받을 수 있어 입을 다물게 됩니다.

사람들이 이미지 리스크를 관리하는 이유는 결국 자신을 보호하기 위해서입니다. 그런데 이런 리스크 관리는 개인을 보호할 수 있을지는 몰라도 조직 차원에서는 큰 손해가 됩니다. 직원들이 서로 다양한 의견을 개진하고 모르는 것을 묻고 실수를 인정해야 이를 해결하

제2장 · 직원들이 기꺼이 일하도록 하려면

는 과정에서 학습과 변화가 일어나는데, 개인들이 각자의 리스크 관리에만 신경을 쓰다 보면 이런 것이 모두 불가능해지기 때문이죠.

리더가 첫 번째 펭귄 되기

직원들이 이런 이미지 리스크에 신경 쓰지 않고 자유롭게 발언하도록 돕는 장치가 바로 심리적 안전감입니다. 그런데 심리적 안전감은 저절로 생기지 않습니다. 팀 내에 심리적 안전감을 조성하려면, 이러한 이미지 리스크를 감수하고 자신의 취약한 부분을 드러내는 첫 타자가 필요합니다. '펭귄 효과'라는 말이 있죠. 펭귄 한 마리가 위험을 감수하고 용기를 내어 먼저 바다에 뛰어들면 다른 펭귄들도 잇따라 뛰어드는 습성에서 비롯된 말입니다. 맞습니다. 리더가 이 첫 번째 펭귄 역할을 해주어야 합니다.

리더가 첫 번째 펭귄이 되는 방법은 간단합니다. 리더가 모르는 부분이 있거나 실수를 했을 때 이를 인정하고 드러내는 겁니다. '이 부분은 내가 놓친 것 같다. 다음에는 내가 실수하지 않도록 같이 잘 살펴봐달라'라고 말할 수 있다면 더욱 좋습니다. 완벽한 리더란 없죠. 중요한 것은 '리더인 내가 부족한 부분이 있고 팀원들의 도움이 필요하다'는 것을 인정하느냐, 하지 않느냐의 문제입니다. 그리고 리더가 이 점을 인정할 때 직원들은 자신이 기여할 부분이 어디인지 좀 더 구체적으로 찾아보게 되고, 팀은 더 강해질 수 있습니다.

리더가 자신의 부족한 부분을 인정하면 직원들도 심리적 안전감을 느껴 자신의 실수나 취약한 부분을 솔직히 드러내게 됩니다. 하버드 경영대학원의 제프리 폴저(Jeffrey Polzer) 교수는 이를 "취약성 고리(vulnerability loop)"라고 말했습니다. 나에게 약점이 있고 도움이 필요하다는 신호를 보내면 상대방도 나에게 약점을 보이게 되고, 이렇게 서로의 취약성을 드러내는 관계가 팀 내에 확산된다는 것이죠.[37]

반면 리더가 약점이 드러나는 순간에도 이를 감추려고 하거나 완벽하게만 보이려고 애쓰면 직원들은 자신도 그렇게 해야 한다는 압박감을 느껴 불안해집니다. 폴저 교수는 보통 우리는 신뢰하는 사람에게 자신의 약점을 보인다고 생각하지만, 사실은 그 반대라고 말합니다. 믿어서 약점을 보여주는 것이 아니라 약점을 인정하고 보여줌으로써 신뢰가 생긴다는 것입니다. 따라서 리더가 자신의 부족한 부분을 감추지 않고 드러내는 것은 심리적 안전감을 조성할 뿐 아니라 직원들에게 신뢰를 얻는 방법이기도 합니다.

심리적 안전감과 책임감의 관계

한편 리더는 이런 우려를 할 수도 있습니다. 모르는 것을 서로 물어보고 실수를 인정하며 토론과 학습이 활발하게 일어나는 것은 좋지만, 팀 내에 심리적 안전감이 너무 높으면 직원들이 편안함을 느낀 나머지 업무에 임할 때도 느슨해지지 않을까 하는 겁니다. 하지만 여기서 반드시 기억해야 할 것은 심리적 안전감은 동료 간에 서로 감싸주는 관대한 분위기를 말하는 게 아니라는 점입니다. 심리적 안전감은 오히려 서로 다른 의견을 활발히 제시해 치열하게 토론하고 발전하기 위해 필요한 겁니다. 따라서 리더는 이를 명확히 하기 위해 심리적 안전감과 함께 일에 대한 책임감(accountability)을 강조해야 합니다.

에드먼드슨 교수는 심리적 안전감과 업무 책임감의 관계에 따라 조직의 성격을 네 가지로 구분하여 설명합니다. 우선, 심리적 안전감과 업무 책임감이 모두 높은 팀에서 학습과 성장이 일어난다고 말하며 이를 '학습지대(learning zone)'라고 명명했습니다.[38] 반면 심리적 안전감과 업무 책임감이 둘 다 없을 때는 '무관심 지대(apathy zone)'가 되어 동료 간에 서로 협력하지 않고 팀 성과를 높이기 위해 열심히 일하지도 않습니다. 또 심리적 안전감만 높고 책임감이 없는 팀은 '안전지대(comport zone)'가 된다고 했죠. 이런 조직에서 직원들은 자유롭게 자신의 의견을 이야기하지만 새로운 성과를 창출하기 위해 열정을 다하지는 않습니다. 마지막으로 책임감은 강한데 심리적 안전감이 없는 팀은 '불안지대(anxiety zone)'가 되어 직원들이 각자 주어진 일을 열심히 하기는 하지만 새로운 것을 시도하는 것은 두려워합니다. 한번 실패하면 회복이 불가능하다고 느끼기 때문이죠. 이를 그림으로 나타내면 다음과 같습니다.

• 심리적 안전감과 업무 책임감 •

자료: Edmondson, A. C. (2008). "The Competitive Imperative of Learning". *Harvard Business Review*, 86(7/8), 60.

　직원들이 의견을 내놓지 못하고 침묵한다면 리더는 먼저 우리 팀에 심리적 안전감이 조성되어 있는지를 돌아보아야 합니다. 심리적 안전감이 있어야 직원들이 동료의 시선이나 평판을 의식하지 않고 다양한 의견과 아이디어를 내놓을 수 있기 때문이죠. 단, 이 심리적 안전감이 직원들에게 잘못 전달되면 '아니면 말고' 식의 무책임을 야기할 수 있기 때문에 일에 대한 책임감도 함께 부여해야 합니다. 이때 비로소 직원들은 생각을 나누고 협력하며 성장해나갈 수 있을 겁니다.

심리적 안전감이 높은 조직의 특성

심리적 안전감이 높은 팀에 소속된 직원들은 팀과 팀원들에 대해 다음과 같이 느낍니다.

1. 내가 실수를 하더라도 우리 팀의 누구도 나를 공격하지 않는다.

2. 우리 팀에서는 문제나 어려운 이슈가 있을 때 그 누구도 이를 감추지 않고 드러낸다.

3. 우리 팀원들은 다르다는 이유로 다른 직원을 거부하지 않는다.

4. 무엇인가 잘못되었을 때 우리 팀원들은 문제가 무엇인지를 함께 찾기 위해 노력한다.

5. 우리 팀에서는 위험을 감수하는 일이 안전하게 느껴진다.

6. 우리 팀원들은 나의 노력을 깎아내리지 않는다.

7. 함께 일하는 팀원들은 나의 기술과 능력을 가치 있게 여기고 활용한다.

자료: Edmondson, A. C. (1999). "Psychological Safety and Learning Behavior in Work Teams". *Administrative Science Quarterly*, 44(2), 350–383.

지휘자가 대신 연주해줄 순 없다

: 권한위임을 해야 하는 이유 :

권한위임을 단순히 직원에게 한 단계 높은 권한을 주는 것으로 생각한다면 이는 권한위임을 반만 이해하는 것입니다. 권한위임은 권한을 위임하는 리더와 위임받는 직원 모두의 이익을 위한 것으로, 어찌보면 권한위임을 통해 더욱 큰 이익을 얻는 사람은 직원보다 리더일 가능성이 높습니다.

권한위임을 하지 않는 리더는 직원이 담당하고 결정해도 될 만한 사안까지 일일이 보고받고 '대신' 결정을 내려주느라 바쁩니다. 즉 그 시간만큼 정작 자신이 맡아야 할 중요한 일을 처리하지 못하고 있을 가능성이 높죠. 런던 비즈니스 스쿨(London Business School)의 줄리언 버킨쇼(Julian Birkinshaw) 교수는 "사람들은 다른 사람에게 위임할 수 있는 일에 평균적으로 자신의 시간 41%를 사용하고 있다"라고 말한 바 있습니다.[39] 즉, 권한위임은 직원들에게 적정한 권한과 책임을 부여하는 동시에 리더가 진정으로 '리더다운 일'을 하기 위해 필요한 것입니다.

권한위임과 리더의 일

'리더다운 일'이란 무엇일까요? 이것은 리더만이 할 수 있거나 리더가 했을 때 더욱 성과를 낼 수 있는 일을 말합니다. 조직의 미래 사업이나 전략을 고민하는 일, 외부 이해관계자들과 교류하고 협력을 이끌어내는 일 등이 여기에 속합니다. 아무리 권한위임을 통해 리더가 시간을 확보하더라도 그 시간을 가치 있게 쓰지 못한다면 권한위임의 효과는 반감됩니다. 따라서 리더는 직원들에게 어떻게 권한위임을 할지 고민하는 만큼 권한위임으로 늘어난 시간에 리더인 자신은 어떤 일을 해야 할지에 대해서도 깊이 고민해야 합니다.

일부 리더는 직원들에게 권한위임을 하면 그만큼 자신의 권한이 줄어들지 않을까 우려하기도 합니다. 그러나 이는 권한위임을 배분의 관점으로만 보기 때문입니다. 권한위임은 한쪽이 권한을 떼어주고 한쪽이 받는 제로섬게임이 아닙니다. 권한을 위임하면 직원이 더 높은 역량을 발휘하여 팀의 성과가 오히려 높아지고, 이 때문에 조직에서 리더의 영향력은 더욱 커질 수 있습니다.

리더십 전문가 존 맥스웰은 권한을 주는 것 같지만 결국은 자신이 더 큰 이익을 얻을 수 있게 된다는 의미로 이를 '권한위임의 패러독스'라고 표현했습니다.[40] 이와 같이 리더는 권한위임을 나눌수록 커지는 '확장의 관점'으로 보아야 합니다. 그리고 권한위임을 통해 리더는 리더의 일을, 직원은 직원의 일을 더 잘할 수 있는 방법을 모색해야 할 것입니다.

권한위임으로 직원을 성장시키려면

직원에게 권한위임을 할 때는 평상시 직원이 보여주는 역량보다 한 단계 정도 높은 수준의 역량이 요구되는 업무를 맡기는 것이 좋습니다. 처음부터 여러 단계 높은 수준의 일을 맡기면 그 일을 해보기도 전에 좌절할 가능성이 있고, 반대로 너무 쉬운 일을 맡기면 '한번 성공시켜보겠다' 하는 도전 의지를 자극하지 못합니다. 따라서 직원이 평소 하던 것보다 조금 더 노력을 쏟아야만 달성할 수 있을 정도의 업무를 부여해 작은 성공 경험을 축적해나가도록 하는 것이 좋습니다. 그래야 업무에 자신감이 생기고, 시간이 갈수록 좀 더 큰 일에 도전할 수 있습니다.

업무를 처음 위임할 때는 권한과 책임의 범위를 명확히 설정하는 것이 중요합니다. 직원이 이를 제대로 인지하고 있어야만 어느 정도의 범위 내에서 자율성을 발휘하고 의사결정을 할지, 어떤 시점에서 리더에게 보고해야 하는지를 판단할 수 있기 때문입니다. 그리고 위임의 범위가 일단 정해지고 나면 리더는 이를 존중해주어야 합니다. 직원이 자신에게 주어진 범위 내에서 의사결정을 이미 내렸는데 리더가 이를 일방적으로 바꾸거나 불안한 마음에 진행 상황을 일일이 체크하기 시작하면 직원은 그 일을 소신 있게 진행할 수 없게 됩니다.

즉, 직원 육성의 관점에서 볼 때 리더의 권한위임은 직원의 역량을 높이는 데 도움이 되어야 합니다. 권한위임을 통해 직원의 어떤 역량을 강화할지를 리더가 앞서서 고민해야만 적절한 업무와 권한을 부여할 수 있습니다. 그러려면 리더가 각 직원의 업무에 평소 세심한 관심을 가지고 있어야 하며, 직원들의 강약점을 잘 파악해두어야 합니다. 리더가 별 고민도 없이 그냥 일을 맡겨버리거나 자신이 하기 싫은 일을 떠넘기는 것은 일정 부분의 권한을 부여하는 것이라 하더라도 바람직한 권한위임이라 할 수 없습니다.

그의 피아노를 대신 연주해줄 순 없다

바람직한 권한위임이 이루어졌다 하더라도, 그것이 언제나 리더의 뜻에 부합하는 긍정적 결과를 가져오는 것은 아닙니다. 직원에게 권한을 위임하고 일을 맡겼으나 리더의 예상과 다른 결과가 나오기도 합니다. 이때 리더는 갈등하게 됩니다. 직원과 다시 소통해서 일을 처리할지 아니면 위임했던 권한을 거두어 리더가 직접 처리할지, 혹은 이일에 익숙한 다른 직원에게 새로 맡길지 고민하게 되죠.

그러나 중요한 원칙은 일단 위임을 한 후에는 그것을 완전히 직원의 일로 만들어주어야 한다는 겁니다. 일의 중간결과만 보고 즉각 그 일을 다른 직원에게 넘기는 것은 직원의 사기를 떨어뜨리는 일입니다. 이 경우, 앞으로 이 직원은 새로 맡게 되는 일에서도 자신감을 갖기 어려울 겁니다.

애초 일을 맡길 때 생각했던 것보다 저조한 결과가 나왔다면 이때는 '일을 빼앗아 갈 때'가 아니라 '이 일이 더 잘 진행되도록 도와주어야 할 때'라는 점을 꼭 기억해야 합니다. 물론 일정이 촉박해 그럴 만한 여유가 없을 수도 있습니다. 하지만 어떠한 상황에서도 일의 주인을 바꾸지 않고 일이 잘 이어지게 할 방법을 찾아야 합니다.

상황에 따라서는 리더가 직접 노하우를 가르쳐줄 수도 있고 해당 과제를 수행할 인력을 추가로 투입해주는 방식으로 지원할 수도 있을 겁니다. 즉, 권한위임이란 일과 권한을 넘겨주는 데서 끝나는 것이 아니라 그 일이 성과를 내도록 끝까지 도와주는 것을 포함하는 개념이라는 점을 기억해야 합니다. 여기까지가 권한위임을 하는 리더의 역할입니다.

보스턴 필하모닉 오케스트라(Boston Philharmonic Orchestra)의 지휘자 벤저민 젠더(Benjamin Zander)는 이런 말을 했습니다. "오케스트라 지휘자는 정작 무대에서 아무 소리도 내지 않습니다. 지휘자의 파워는 단원들을 얼마나 파워풀하게 만드느냐에 달려 있습니다. 제일은 다른 이들의 능력을 일깨우는 것입니다."[41]

지휘자가 피아노 소리가 잘 안 나온다고 직접 피아노를 치고, 바이올린이 잘 안 된다고 직접 바이올린을 연주할 수는 없습니다. 어려운 상황에서도 직원들의 역량을 키워 주도적으로 일하게 하고 리더는 전체 조직의 비전과 전략을 고민하는 진정한 리더의 일을 하는 것, 이것이 바로 권한위임의 핵심이라 할 수 있습니다.

권한위임 목록 만들기

적절한 권한위임은 리더와 직원이 스스로의 일을 더 잘하게 만드는 지름길입니다. 지금은 리더인 자신이 하고 있지만 향후 직원에게 권한위임을 하면 좋을 만한 일에 대해 정리해보고 실천해보시기 바랍니다.

☑ 향후 권한위임 할 일

....

....

....

....

☑ 권한위임을 받을 직원

....

....

....

....

☑ 권한위임을 위한 대화

☑ 예상 효과

- 리더:

- 직원:

스폰서링, 하고 계신가요?

: 좋은 스폰서가 되어주는 네 가지 방법 :

지금 리더로 있는 여러분 모두가 입사 초기에는 선배에게 멘토링 (mentoring)을 받고, 이후 시간이 지나서는 누군가의 멘토가 되어본 경험이 있을 겁니다. 그런데 누군가의 스폰서가 되어본 적은 있으신 가요? 조직 내에서 스폰서라는 말은 멘토라는 말보다는 아무래도 생소하게 느껴집니다. 아직은 스폰서링(sponsoring)이 리더십 역량으로서 익숙지 않은 것이 사실이죠. 그렇다면 멘토링과 스폰서링의 차이는 무엇인지, 리더가 스폰서링을 제대로 발휘하기 위해 어떤 것들이 필요한지 알아보겠습니다.

멘토링과 스폰서링, 무엇이 다른가

멘토링이나 스폰서링의 대상이 되는 사람을 일컫는 말은 다양하지만, 일반적으로 멘토링의 대상이 되는 사람은 멘티(mentee), 스폰서링의 대상이 되는 사람은 프로테제(protege)라고 부릅니다. 그럼 멘토링과 스폰서링이 그 내용 면에서는 어떻게 다른지 한번 알아보겠습니다.[42]

멘토링은 잘 알려진 것처럼 멘토가 가진 지식이나 스킬, 노하우 등을 멘티에게 전수해주는 것을 말합니다. 즉 멘토링의 목적은 멘티의 실력을 높이는 겁니다. 그래서 보통 같은 일을 하는 선배가 멘토가 되는 경우가 많죠. 먼저 조직을 이끈 경험을 가진 선배 리더가 처음 리더가 된 후배에게 리더십에 관한 멘토링을 해주기도 합니다.

멘토링에서는 멘토가 전수해줄 만한 지식이나 스킬을 가지고 있다면 그 멘토가 조직 내에서 어떤 지위나 영향력을 가지고 있는지는 그리 중요하지 않습니다. 멘토가 얼마나 멘티에게 관심을 기울이고 지식을 나누느냐가 더 중요하죠. 즉 멘토링에서는 멘토와 멘티 둘의 관계가 무엇보다 핵심적입니다.

그러나 스폰서링은 좀 다릅니다. 멘토가 자신의 지식과 스킬을 멘티에게 전수하는 사람이라면, 스폰서는 자신의 파워를 프로테제를 위해 사용하는 사람을 말합니다. 여기서 파워를 사용한다는 의미는 스폰서가 가진 조직 내 지위와 영향력을 프로테제를 위해 쓴다는 뜻입니다. 예를 들어 조직에서 인정받는 리더인 스폰서가 추천하는 사람이라면 그 사람을 잘 모른다 하더라도 일단 좋은 인상을 받게 되겠죠. 이것이 스폰서가 파워를 행사하는 방법입니다.

결국 좋은 멘토링이 멘티의 실력을 높인다면 좋은 스폰서링은 다양한 사람들과의 관계에서 프로테제의 평판을 높여줍니다. 즉 스폰서링은 스폰서와 프로테제 둘의 관계를 넘어 조직 내에서 프로테제를 인정받도록 하는 데 초점을 둡니다.

스폰서링의 네 가지 방법

리더가 프로테제를 위해 좋은 스폰서가 되고자 한다면 어떻게 해야 할까요? 스폰서링을 잘하기 위한 방법을 A, B, C, D 네 가지로 구분해서 살펴보겠습니다.[43]

먼저 A는 Amplify, '확산하기'입니다. 스폰서링의 가장 기본적인 방법으로 프로테제가 이룬 성과나 그의 강점을 다른 사람에게 알리는 것이죠. 쉽게 말해, '프로테제 뒤에서 칭찬하기'를 하는 겁니다. 조직에서 성과를 내는 것과 다른 사람들이 이를 알아주는 것은 별개입니다. 따라서 스폰서가 프로테제의 성과를 널리 알려 이 정보가 사람들 사이에 반복적으로 노출되면 프로테제는 시간이 갈수록 좋은 평판을 쌓게 됩니다.

둘째, B는 Boosting, '북돋아주기'입니다. 기회가 있을 때마다 그 자리에 프로테제를 적극 추천하고 프로테제가 그 기회를 잡을 수 있도록 자신감을 북돋아주는 것이죠. 다른 사람이 보기에 아직 완벽한 자격을 갖추지 못했다 하더라도 스폰서가 그의 잠재력이나 과거 성과를 언급하며 자주 추천한다면 프로테제는 생각보다 빨리 좋은 기회를 얻을 수 있습니다.

셋째, C는 Connect, '연결하기'입니다. 프로테제가 알아두면 좋을 사람들을 소개해주는 겁니다. 스폰서가 의도적으로 자리를 만들 수도 있고 미팅이나 식사 자리에 프로테제와 함께 참석하는 것도 좋은 방법입니다. 연결하기의 핵심은 프로테제의 존재를 알리는 겁니다. 다양한 사람에게 노출될수록 프로테제가 좋은 기회를 얻을 가능성도 높아지기 때문이죠.

넷째, D는 Defend, '방어하기'입니다. 다른 사람들이 프로테제에 대해 좋지 않은 선입견이나 왜곡된 정보를 가지고 있을 때 그냥 지나치지 않고 이를 바로잡아주는 겁니다. 스폰서가 알고 있는, 좀 더 구체적인 내용의 정보를 제공해주거나 프로테제를 긍정적으로 보도록 관점을 바꾸어줄 수도 있습니다. 이를 통해 스폰서는 프로테제를 부정적인 평판으로부터 보호해줄 수 있습니다.

스폰서링이 더욱 효과적인 경우

프로테제가 여럿이고 이들에 대해 리더가 똑같은 스폰서링을 제공하더라도 유독 효과를 발휘할 때가 있습니다. 바로 프로테제가 조직에서 마이너리티(minority)일 때입니다. 예를 들어 남자들이 대다수인 조직에서 일하는 여성이거나, 공채 인력이 대부분인 조직에서 일하는 경력직일 때 스폰서의 역할이 중요합니다. 실력만으로 해결할 수 없는 부분을 스폰서링으로 도울 수 있기 때문이죠.

그래서 스폰서링을 연구하는 학자들은 "조직에서 마이너리티가 고위직으로 올라가기 어려운 이유는 멘토가 없어서가 아니라 스폰서가 없기 때문"이라고 지적합니다. 마이너리티들은 성과를 내더라도 그 성과를 홍보해주거나 부정적 평판이 있을 때 이를 바로잡아주는 사람이 곁에 적기 때문이죠. 조직에서 좋은 자리가 났을 때도 이들을 추천하는 경우는 드뭅니다. 그래서 여러분의 프로테제가 조직에서 위치상 마이너리티라면 스폰서링에 더 많은 관심을 가져야 합니다.

물론 마이너리티에게만 스폰서링이 효과적인 것은 아닙니다. 만약 지금까지 여러분이 직원들의 실력을 키우는 멘토링에만 힘썼다면 훌륭한 직원들이 조직에서 더 크게 인정받아 좋은 기회를 얻을 수 있도록 스폰서링에도 노력을 기울였으면 합니다.

스폰서링 연습하기

사람에 따라 혹은 상황에 따라, 멘토링보다 스폰서링이 꼭 필요한 경우가 있습니다. 그때를 놓치지 않도록 직원 한 사람을 머릿속에 떠올리고 다음 내용에 따라 스폰서링을 연습해보세요.

☑ **Amplify, 확산하기: 주변에 강점을 알리고 칭찬하기**

☑ **Boosting, 북돋아주기: 좋은 업무 기회를 주거나 추천하기**

☑ **Connect, 연결하기: 도움이 되는 사람 소개하기**

☑ **Defend, 방어하기: 주변의 오해나 선입견 바로잡기**

리더는 좋은 선택을 돕는 '선택 설계자'

: 조직관리에서 넛지 전략 잘 활용하기 :

전통 경제학에서 행동의 주체로서 사람은 매우 합리적이고 이성적인 존재로 간주됩니다. 어떤 순간에도 자신의 이익을 극대화하는 합리적 의사결정을 한다는 것이죠. '호모 이코노미쿠스(homo economicus)', 즉 '경제적 인간'은 이러한 관점에서 사람을 바라보는 용어입니다.

그러나 행동경제학에서는 경제학의 기본가정을 완전히 뒤집습니다. 행동경제학에 따르면, 사람은 꼭 필요하지 않은 물건도 할인쿠폰이 있으면 충동적으로 구매할 정도로 비합리적인 측면을 가지고 있습니다. 이런 기본가정의 충돌 때문에 한때 행동경제학은 전통 경제학에서 골칫거리 이단아로 여겨지기도 했습니다. 그러나 행동경제학 분야의 석학 시카고대학교 리처드 탈러(Richard Thaler) 교수가 2017년 노벨경제학상을 수상하면서 경제학의 비주류로 인식되던 행동경제학에 많은 관심이 쏠렸습니다.

우리나라에서 행동경제학이 그리 낯설지 않은 것은 2008년에 발간된 탈러 교수의 책 《넛지(Nudge)》 때문입니다. 넛지란 잘 알려진 바와 같이 '팔꿈치로 다른 사람의 옆구리를 살짝 찌르는 행동'을 말합니다. 즉 직접적 지시나 명령 없이 상대방이 어떤 방향으로 선택하도록 부드럽게 유도하는 방법이라 할 수 있습니다. 이 넛지를 조직에서는 어떻게 활용할 수 있을까요?

구글의 성공한 넛지 실험

조직관리에 넛지를 적극 활용하는 기업 중 하나는 구글입니다.[44] 구글은 직원들에게 다양한 식사와 간식을 무료로 제공하는 것으로 유명하죠. 그런데 문제는 직원들의 칼로리 섭취가 지나치게 늘어나 건강이 나빠질 수도 있다는 점이었습니다.

이 문제를 고민하던 구글 인사팀은 접시 크기가 음식 섭취량에 큰 영향을 미친다는 연구결과[45]를 발견했습니다. 즉, 접시가 클수록 음식을 더 많이 먹게 되고 더 많이 먹고도 포만감을 덜 느낀다는 것이었죠. 이후 인사팀은 즉시 사내 카페테리아 한 곳을 정해 모든 접시의 크기를 12인치에서 9인치로 바꿨습니다. 넛지를 활용해 직원들의 음식 섭취량을 줄이려는 시도였습니다. 그런데 직원들의 반응은 예상과 달랐습니다. 예전에는 음식을 한 번만 담아 오면 됐는데 이제는 두 번이나 담아 와야 한다며 불평을 쏟아낸 겁니다. 이렇게 구글의 1차 넛지는 실패로 돌아갔습니다.

인사팀은 고민 끝에 조건을 변경해 큰 접시와 작은 접시를 함께 놓아두었습니다. 직원들에게 선택권을 준 것이죠. 그러자 직원들의 불평이 사라지면서 카페테리아 이용자의 21%가 작은 접시를 사용하기 시작했습니다. 긍정적 효과를 확인한 인사팀은 여기에 더해 큰 접시를 사용하면 음식을 더 많이 먹게 되고 포만감은 덜 느낀다는 연구 결과를 카드로 만들어 식탁마다 붙여놓았습니다. 그랬더니 작은 접시를 사용하는 직원의 비율이 32%로 높아졌습니다. 정교한 설계와 시행착오를 거쳐 구글은 넛지 실험에 성공할 수 있었습니다.

나쁜 넛지의 사례

그런데 넛지에는 항상 뒤따르는 비판이 있습니다. 은밀하게 계산된 개입을 통해 상대방의 선택을 조작하는 것이 아니냐 하는 얘기입니다. 실제로 탈러 교수는 나쁜 넛지가 있다고 경고하면서 자신의 경험

을 들려줬습니다. [46]

탈러 교수는 영국 일간지 《더 타임즈》로부터 자신의 저서에 관한 서평이 실렸다는 이메일을 받았습니다. 서평 내용이 궁금했던 그는 이메일에 함께 온 링크를 클릭했습니다. 그랬더니 한 달 동안 1파운드만 내면 신문사의 모든 서비스를 이용할 수 있다는 정보가 떴습니다. 그는 처음에는 회원가입을 유도하는 좋은 넛지라고 생각했습니다. 그런데 작은 글씨로 된 약관을 자세히 읽어보니 이를 위해서는 먼저 신문사에 신용카드 정보를 제공해야 하고, 다음 달부터는 원래 가격인 26파운드가 자동으로 결제되며, 만약 이를 거부하려면 2주 전에 미리 거부의사를 밝혀야 한다는 것이었습니다.

탈러 교수는 이런 사례가 전형적으로 나쁜 넛지라고 얘기했습니다. 계약조건이 신문사에 일방적으로 유리하게 되어 있고 절차도 투명하지 않으며 무엇보다 잠재적 독자의 이익이 전혀 반영되어 있지 않았기 때문입니다.

조직관리에 넛지를 활용하려면

구글과 탈러 교수의 사례를 종합하면 조직에서 활용할 수 있는 좋은 넛지의 조건을 알 수 있습니다.

먼저 리더가 넛지를 활용할 때는 직원들을 긍정적인 방향으로 이끌려는 좋은 의도가 있어야 합니다. 회사의 편익을 위해서 직원의 선택을 유도하는 것이 아니라 직원의 건강이나 경력개발 등 넛지의 혜택이 직원에게 돌아가도록 해야 합니다.

둘째, 넛지의 절차나 내용이 투명해야 합니다. 중요한 정보를 숨기거나 절차가 은밀하게 진행되어서는 안 됩니다. 행동경제학자들은 정보를 제한해서 상대방을 속이는 것은 넛지가 아니라 피싱(phishing)이라고 주장합니다. 따라서 의도와 내용이 순수할 뿐 아니라 절차도 투명하고 공정해야 합니다.

마지막으로, 넛지는 직원 선택권을 제한하는 것이 되어서는 안 됩니다. 직원의 결정을 긍정적인 방향으로 유도하되 선택은 온전히 직원의 몫으로 남겨두어야 합니다. 만약 부득이하게 선택권을 제한해야 하는 경우라면 넛지 전략을 쓰기보다는, 선택권 제한의 사유를 명확하게 밝히고 그에 따른 가이드라인을 명시적으로 제시하는 것이 더 적합합니다.

행동경제학에서 상대방의 선택에 영향을 주기 위해 상황이나 맥락을 조금 바꿔주는 사람을 일컬어 '선택 설계자(choice architect)'라고 부릅니다. 상대방이 좋은 선택을 하도록 환경을 만들어주고 도와주는 사람이라는 의미죠. 직원들이 더 좋은 선택을 하도록 돕기 위해서는 리더가 먼저 현명한 '선택 설계자'가 되어야 합니다. 이것이 바로 행동경제학이 리더들에게 주는 교훈입니다.

구글의 다양한 실험들

구글은 직원들의 칼로리 섭취를 줄이기 위해 넛지를 활용하기 전에도 다양한 실험을 실시했습니다. 그 결과 단순히 관련 정보만 제공한다든지 직원들의 선택권을 제한하는 방식에서는 큰 성과를 거두지 못했습니다. 반면, 넛지 실험에서는 확실한 효과를 보았습니다.

1. 정보 제공

간식과 음료를 제공하는 마이크로키친에 콜라 한 캔의 열량이 140칼로리이며 매주 탄산음료 한 캔을 마신다면 1년에 약 4.5킬로그램의 체중이 증가할 수 있다는 경고 스티커를 붙였습니다. 그러나 직원들의 탄산음료 소비량은 크게 달라지지 않았습니다.

2. 선택권 제한

'고기 없는 월요일'이라는 프로그램을 도입하여 두 달 동안 월요일에는 고기 메뉴를 전혀 제공하지 않았습니다. 하지만 직원들이 메뉴 선택권을 제한한 회사의 조치에 강하게 반발하면서 이 역시 큰 효과를 거두지 못했습니다.

3. 넛지 실험

마이크로키친에 사탕을 그대로 놔두는 대신 잘 보이지 않도록 불투명한 용기 안으로 집어넣었습니다. 그리고 말린 과일이나 견과류 같은 간식은 좀 더 눈에 잘 띄는 곳에 두었습니다. 2주간 실험을 지속한 결과 직원들의 사탕 섭취량이 30%나 감소했습니다.

자료: 라즐로 복 (2021). 《구글의 아침은 자유가 시작된다》.
이경식 역. 알에이치코리아(RHK).

맞춤형
리더십이
필요할 때

INTRO

. . .
. . .
. .
.

각기 다른 역량과 장단점을 가진 직원들을 개인 특성에 맞게
잘 관리하는 것이 그 어느 때보다 중요해지고 있습니다.
리더가 되면 성격과 업무 방식이 제각각인 여러 직원을 만나게 됩니다.
다양한 직원들을 어떻게 효과적으로 이끌어야 할까요?
제3장에서는 직원 개인의 특성에 따라 적용할 수 있는
맞춤형 리더십에 대해 알아보겠습니다.

일 잘하는 그들도
관심과 관리가 필요하다
: 고성과자와 오래가기 :

한 팀의 성과가 모든 직원이 동일하게 N분의 1로 기여해서 만들어
지는 경우는 많지 않습니다. 오히려 몇몇 직원이 더 크게 기여하는
경우가 많죠. 흔히 '고성과자'라고 부르는 직원들이 바로 그들입니다.
리더 입장에서는 이렇게 팀에 버팀목이 되어주는 직원이 든든하게
느껴질 수밖에 없습니다.

그런데 리더 여러분은 이 고성과자들을 어떻게 대하고 있나요? 일
을 맡기면 알아서 잘하기 때문에, 또는 굳이 동기부여를 하지 않아
도 열심히 하기 때문에 리더십을 발휘해야 하는 대상, 즉 '관리 리스
트'에서 암묵적으로 제외하고 있지는 않은가요? 만약 그렇다면 여러

분은 조직에서 가장 큰 기여를 하고 있는 직원에게 마땅히 주어야 하는 여러분의 시간과 성의를 아끼고 있는 셈입니다. 과연 리더는 고성과자의 어떤 부분에 더욱 신경을 써야 할까요?

고성과자의 번아웃 관리

새로운 과제가 생겨서 담당자를 정해야 할 때 일 잘하고 성과도 높은 직원의 얼굴이 가장 먼저 떠오르는 것은 리더 입장에서 당연한 일입니다. 이런 까닭에 고성과자에게는 일이 하나씩 쌓여갑니다.

그러나 고성과자에게 과도하게 많은 업무량을 부여하는 것은 장기적으로 볼 때 득보다 실이 큽니다. 일반적으로 과도한 업무량은 스트레스를 불러오죠. 그런데 고성과자들은 대부분 감당하기 어려울 정도의 스트레스가 쌓이기 전까지는 좀처럼 내색을 하지 않는 경향이 있습니다. 이 또한 고성과자로 인정받는 데 따른 불가피한 대가라고 생각하기 때문이죠.

그럼에도 업무량이 계속 쌓여 스트레스가 참을 수 없는 수준까지 올라가면 결국 번아웃에 빠지게 됩니다. 이 단계에 이르면 그들은 한순간 손에서 일을 놓아버리거나 다른 조직을 찾아 떠나게 됩니다. 따라서 리더는 고성과자가 과도한 업무량으로 인해 번아웃에 빠지지 않도록 평상시에 신경을 써주어야 합니다.

먼저, 고성과자에게 새로운 업무를 부여할 때는 기존 업무의 진행 상황에 대해 물어보고 전체 업무량이 적정한 수준인지 확인해야 합니다. 만약 새로운 업무 때문에 업무량이 과도하게 많아진다면 기존 업무를 조정하거나 새로운 업무를 함께 수행할 수 있는 직원을 더 투입해주어야 합니다. 그래야 고성과자가 적정한 범위 내에서 업무량을 유지하며 지속적으로 성과를 낼 수 있습니다.

고성과자가 여러 종류의 일을 동시에 수행할 때는 각 업무의 데드라인도 잘 살펴볼 필요가 있습니다. 업무들의 데드라인이 비슷한 시기에 몰려 있다면 논의를 통해 업무의 우선순위를 정하는 것이 좋습니다. 데드라인이 다가올수록 압박감을 더 느끼게 되고, 이 또한 번아웃을 야기하는 원인 중 하나이기 때문입니다. 그러므로 업무의 데드라인을 가능한 한 분산시켜 고성과자 직원이 과도한 압박감에서 벗어날 수 있도록 해주어야 합니다.

아울러, 고성과자에게 장시간 바쁜 일정이 계속됐다면 잠시 휴가를 가거나 얼마 동안 재충전의 시간을 가질 수 있게 배려해주어야 합니다. 이들이 잠시 여유 있게 보내는 시간을 아까워하면 안 됩니다. '일을 하나라도 더 처리해주면 팀 성과가 조금 더 높아질 텐데'라고 아쉬워할 수도 있겠지만 이는 리더의 과도한 욕심입니다. 이런 욕심은 결국 소탐대실로 이어질 수 있기 때문에 주의해야 합니다.

무엇보다 중요한 것은 고성과자가 번아웃에 빠지기 전에 리더가 먼저 감지할 수 있어야 한다는 겁니다. 이를 위해 리더는 고성과자에게 업무상 어려움이 있을 때는 언제든지 편하게 말해달라고 사전에 얘기해두는 것이 좋습니다. 고성과자들은 대부분 업무가 많다고 불만을 토로하거나 납기를 조정해달라고 먼저 요청하기보다 묵묵히 일하다가 어느 순간 한계에 다다르는 경우가 많습니다. 따라서 고성과자가 이런 상황에 처하기 전에 미리 인식하고 빠져나올 수 있도록 리더가 통로를 마련해두어야 합니다. 도움을 요청할 수 있는 통로가 있다고 느낄 때 그들은 심리적 안정감을 느끼고 업무에도 더 잘 몰입할수 있습니다. 이것이 바로 리더가 고성과자와 함께 오래갈 수 있는 비결입니다.

고성과자의 업무관리

그런데 때로는 고성과자로 인정받는 직원에 대해 정작 같이 일하는 동료들이 고개를 갸우뚱하는 경우가 있습니다. 그 직원이 왜 고성과자로 인정받는지, 매번 고과를 잘 받는데 정확한 업무성과가 무엇인지 잘 모르겠다는 겁니다.

실제로 직장에서는 한번 고성과자로 인정받으면 그 평판이 지속되는 경우가 많습니다. '그때 그 일을 잘 처리했던 직원'이라는 일종의 후광효과가 작용하기 때문이죠. 물론 실력이 있어서 이전 과제를 잘 완수했으니 이후에 맡게 되는 과제도 잘해낼 가능성이 높습니다. 하지만 항상 그런 것은 아닙니다.

리더는 이 부분에 주의를 기울여야 합니다. 고과 평가는 회사에 따라 반기 또는 1년으로 기간이 정해져 있기 때문에 당연히 그 기간의 성과만으로 평가되어야 합니다. '원래 잘하는 직원이니까'라는 선입견으로 평가의 공정성을 훼손해서는 안 됩니다. 성과 평가(고과)는 직원의 기본 역량이나 잠재력을 평가하는 것이 아니라 정해진 기간 동안 창출한 성과에 대한 평가라는 점을 꼭 기억해야 합니다.

이를 위해서는 다른 직원과 마찬가지로 고성과자에 대해서도 그가 지금 무슨 일을 하고 있으며 정확히 어떤 성과를 내고 있는지를 살펴야 합니다. '알아서 잘하고 있으려니' 하고 넘겨서는 안 됩니다. 또 고성과자가 하는 일이 그들의 역량을 충분히 발휘할 수 있는 업무인지도 판단해볼 필요가 있습니다. 수년간 유사한 업무를 담당하다 보면 처음 시작할 때는 도전적인 일이었다 해도 시간이 지나며 어느새 익숙하고 쉽게 할 수 있는 일이 되기도 합니다. 만약 고성과자가 이런 업무를 맡고 있다면 그들은 자신의 역량을 충분히 발휘하지 못하고 있는 것일 수 있죠. 정확히 말하면 자신의 역량을 충분히 발휘할 필요가 없는 일을 하고 있는 겁니다. 그들은 여전히 안정적인 성과를 내고 있겠지만 이 성과를 내기 위해 들이는 노력은 이전과 비교할 수 없을 정도로 작을 겁니다.

더욱 중요한 문제는 더 이상 도전이 필요 없는 일을 하면서 그들의 업무 열정이 식어버릴 수 있다는 겁니다. 따라서 리더는 고성과자들이 수행하는 업무가 그들의 역량을 충분히 발휘해 성과를 만들고 업무 열정을 유지하게 하는 일인지를 세심히 살피고, 만약 그렇지 않다면 논의를 통해 조정해야 합니다.

한편, 고성과자들이라고 항상 자신감에 차 있는 것은 아닙니다. 겉보기에는 그렇지 않을지라도 많은 고성과자들이 계속 성과를 낼 수 있을지, 한 번의 실수로 그동안의 좋은 평판이 다 날아가지는 않을지 불안해합니다. 일하는 데 어려움이 있어도 자신의 부족함을 내보이는 것이 될까 봐 말하기를 주저하기도 하죠.

그러므로 리더는 고성과자를 바라보며 혼자 흐뭇해하지 말고 '잘하고 있다', '고맙다', '든든하다' 등 인정과 격려의 말을 해주어야 합니다. 이를 통해 그들이 심리적으로 안정된 상태에서 업무에 몰입할 수 있도록 도와주어야 합니다. '아무 말 안 해도 내 마음 알겠지' 또는 '좋은 고과 주니까 괜찮다'라는 식의 생각은 리더로서 직무유기를 하는 것과 같습니다.

고성과자와 대화할 때
리더가 잊지 말아야 할 것들

다음과 같은 사항을 염두에 두면 짧은 시간에도 고성과자와 더욱 효과적인 대화를 나눌 수 있습니다.

1. 고성과자에게 자주 긍정적이고 건설적인 피드백을 줄 것

2. 이미 잘하고 있더라도 더 개발해야 할 영역을 고민해서 알려줄 것

3. 과거나 현재보다 미래에 초점을 맞추고 향후 목표에 대해 질문할 것

4. 관리자가 고마워하고 있다는 것을 고성과자도 이미 알고 있을 것이라고 짐작하지 말고 충분히 감사와 칭찬을 표현할 것

5. 고성과자가 혼자 알아서 잘할 것이라고 내버려두지 말고 도와줄 것이 없는지 물어볼 것

자료: Gallo, A. (2009. 12. 3). "Giving a High Performer Productive Feedback". *Harvard Business Review*.

20

그들은 결코
'똑똑한 괴짜'가 아니다

: 못된 고성과자가 조직에 미치는 악영향 :

이 세상 그 누구도 다른 사람을 무시하거나 무례하게 대할 권리를 갖고 있지 않습니다. 직장에서 동료나 선후배로 만나 함께 일하는 관계에 있다면 더더욱 서로에게 예의를 지켜야 합니다. 하지만 이것은 이상적인 이야기이자 바람일 뿐 현실은 다릅니다. 어느 조직에나 말이나 태도에 예의와 배려가 부족한 사람이 있게 마련이죠.

그런데 의외로 후배나 동료를 무시하고 무례하게 대하는 이런 직원이 고성과 직원인 경우가 종종 있습니다. 높은 성과를 내면서 점점 자신감이 올라가고 그러다 어느 순간부터는 그 자신감이 왜곡되어 오만함이 되고, 급기야 다른 사람을 우습게 보며 무례한 행동을 하는 것이죠.

리더라면 다른 동료에게 피해를 주는 이런 직원을 마땅히 제재해야 합니다. 하지만 이건 그리 간단한 문제가 아닙니다. 여러분도 혹시 이런 직원 때문에 고민을 하고 있지 않나요?

알면서도 모르는 척하는 리더?!

성과가 높지만 동료들에게 못된 행동을 하는 이런 직원들은 정작 스스로를 가해자라고 생각하지 않습니다. 성과를 내기 위해 열심히 일하다 보니 불가피하게 논쟁이나 갈등이 발생하는 것뿐이라고 생각하죠. 그리고 자신이 '다소 다혈질'이라 잠시 흥분했다고 별일 아닌 듯 넘기곤 합니다. 그러나 어쩌면 이들은 눈에 띄는 몇몇 상황에서만 그런 것이 아니라 일상적으로 다른 직원을 무시하거나 무례한 언행을 일삼고 있을지도 모릅니다.

그리고 대부분의 경우 리더는 이렇게 못된 행동을 하는 직원에 대해 이미 파악하고 있습니다. 다른 직원들이 이 직원과 같이 일하기를 꺼린다는 것도 잘 알고 있죠. 그런데도 적극적으로 문제를 지적하고 상황을 개선하기보다는 알면서도 모르는 척하는 경우가 많습니다. 결국 해결을 차일피일 미루다가 조직 분위기가 완전히 엉망이 되고 문제가 터진 다음에야 뒤늦은 수습에 나서게 되죠.

물론 리더의 입장에서도 그럴 만한 이유는 있을 겁니다. 표면적으로 큰 문제가 발생한 것도 아닌데 문제 제기부터 했다가 긁어 부스럼이 되지 않을까 걱정이 되죠. 게다가 문제를 일으키는 직원이 팀 성과에 기여도가 높은 직원이라면 리더 입장에서는 문제를 겉으로 드러내기보다 그냥 덮고 싶은 유혹에 빠지게 됩니다.

그러나 어떤 상황에서도 리더는 리더의 일을 해야 합니다. 이 상황에서는 다른 직원들에게 인격적으로 모욕과 상처를 주는 직원을 제재하는 것이 리더가 할 일입니다. 리더가 조직 내에 어떤 문제가 있음을 알면서 모르는 척 넘어가는 것은 방관을 넘어 문제를 일으키는 사람을 '보호'하는 것이 됩니다. 또 리더 자신도 모르는 사이에 '성과만 좋으면 다른 것은 용서된다'라는 시그널을 직원들에게 보내는 것과 같습니다.

만약 그 직원이 자신의 문제나 잘못을 인식하지 못하고 있다면 리더가 알려주어야 합니다. 그가 행한 구체적 행동을 지적하며 이런 행동은 우리 부서에서 용납되지 않는다는 것을 확실히 말해주어야 합니다. 그의 변명처럼 그것이 단지 '일을 잘하려다 보니 그런 것'이 아닌, '인격적으로 다른 직원에게 상처를 준 것'이라 얘기하고 다시는 그런 일이 발생하지 않도록 주의를 주어야 합니다.

못된 직원이 미치는 악영향

사실 리더가 '성과가 높은 못된 직원'에 대해 강하게 제재하지 못하고 주저하는 이유는 괜히 성과를 잘 내고 있는 직원을 건드렸다가 부서 성과가 떨어지지 않을까 하는 우려 때문입니다. 잘못을 지적받은 직원이 일부러 일을 게을리하거나 다른 조직으로 떠나버려 부서 성과에 타격을 줄까 봐 걱정이 되는 것이죠.

실제로 '성과가 높은 못된 직원'은 때때로 '나 건드려봐야 좋을 것 없다' 하는 시그널을 리더에게 보냅니다. 자신의 기대보다 낮은 고과를 받으면 갑자기 예정된 업무를 남겨두고 휴가를 간다든지, 회의에 나타나지 않는다든지 하는 방법으로 암묵적 시위를 하기도 합니다. 또는 이직할 생각이 없으면서도 다른 회사에서 좋은 조건으로 이직 제안을 받고 있다는 사실을 은근히 알리기도 합니다. 이런 상황을 목격하며 리더는 굳이 문제 제기를 하지 말고 '그냥 두자' 하는 생각을 하게 되죠.

그러나 이것은 일종의 '가스라이팅(gaslighting)'입니다. 가스라이팅은 다른 사람의 심리나 상황을 조작해 지배력을 강화하는 것을 말합니다. 만약 리더가 못된 직원이 보내는 이런 시그널 때문에 리더로서 마땅히 지적해야 할 부분을 지적하지 못하고 넘어간다면 리더는 그 직원에게 가스라이팅을 당하는 것이나 마찬가지입니다. 그 못된 직원은 동료를 무시하고 무례하게 대할 뿐 아니라 리더에게도 똑같은 행동을 하고 있는 것입니다.

리더가 정말로 걱정해야 할 것은 잘못을 지적했을 때 발생할 수 있는 '못된 직원의 의도적인 근무태만과 이로 인한 성과 하락'이 아닙니다. 리더가 살펴야 할 사람들은 이 못된 직원 때문에 업무 의욕을 잃고 조직에 애정이 식어버린 직원들입니다.

이와 관련해서는 매우 구체적인 연구결과도 있습니다. 조지타운대학교 크리스틴 포라스(Cristine Porath) 교수의 연구에 따르면 직장에서 무시당하거나 무례함을 경험한 직원의 66%는 업무성과가 하락했고, 78%는 조직에 대한 몰입도가 떨어졌으며, 48%는 업무에 쏟는 노력을 의도적으로 줄이는 것으로 나타났습니다.[47]

다른 직원을 무시하고 못되게 굴지만 고성과 직원이니 눈감아준다는 것은 리더가 문제의 심각성을 제대로 인식하지 못하고 있는 것입니다. 더 훌륭하게 일할 수 있는 직원들이 이 직원 때문에 업무 의욕이 꺾이고, 그래서 열심히 일할 마음이 사라지고 있다는 것이 문제의 본질입니다. 그러니 리더는 더 늦기 전에 이 문제를 바로잡아야 합니다. 이것이 리더가 팀을 위해, 리더로서 해야 할 일입니다.

방치하면 안 되는 '직장 내 무례함'

스탠퍼드대학교 로버트 서튼(Robert Sutton) 교수는 직장 내 무례함을 열두 가지로 정의하고 이런 행동을 하는 사람이 조직 내에 없도록 '또라이제로 법칙(no-jerks rule)'을 만들어야 한다고 주장했습니다. 또 그는 무례한 고성과자들을 '똑똑한 괴짜'로 미화해서는 안 되며 이는 결과적으로 조직과 직원들에게 악영향을 끼치는 일이라고 말했습니다.

· 로버트 서튼 교수가 말하는 직장 내 무례함 ·

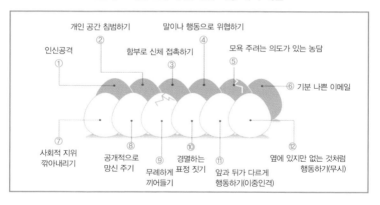

자료: Sutton, R. (2007. 5. 1). "Building the Civilized Workplace". *McKinsey Quarterly*.

'근자감' 높은 직원과 소통하는 기술

: 더닝-크루거 효과와
진짜 '자신감' 높여주는 방법 :

자신감은 개인이 업무를 수행하고 성과를 내는 데 매우 중요한 역할을 합니다. 그러나 이 자신감이 진정한 실력과 지식에 기반한 것이 아니라면 이는 다른 얘기가 됩니다.

실제로 직장에서는 주변 사람들의 객관적 평가와는 다르게 본인만 스스로의 능력을 과대평가해서 과도한 자신감을 표출하는 사람들이 종종 있습니다. 그래서 '근자감'이라는 말까지 생긴 것이죠. '근자감'은 '근거 없는 자신감'을 줄인 말로, 무엇인가에 대해 잘 알지 못하거나 실력을 갖추지 못한 채 무턱대고 자신감만 높은 사람을 빗대 놀리는 말입니다.

그런데 우스갯소리로 넘길 만한 이 '근자감'을 정확히 설명해주는 경영학 이론이 있습니다. 바로 '더닝-크루거 효과(Dunning-Kruger effect)'라는 것입니다.

더닝-크루거 효과

더닝-크루거 효과는 지식이나 실력이 부족한 사람이 스스로 그것을 인지하지 못한 채 자신이 충분한 능력을 가졌다고 생각하며 높은 자신감을 보이는 현상을 말합니다. 코넬대학교 교수 데이비드 더닝(David Dunning)과 그의 제자 저스틴 크루거(Justin Kruger)가 네 가지의 상이한 실험을 통해 처음 발견한 것으로,[48] 그중 하나의 실험을 살펴보면 이렇습니다.

실험의 첫 단계로 각각 실력이 다른 45명의 학생에게 논리적 추론이 필요한 문제 20개를 주고 이 가운데 몇 문제나 맞힐 수 있을지를 물었습니다. 이 질문에 실력이 상위 25%에 속하는 학생들은 20개 중 평균 14.0개를 맞힐 수 있다고 응답했고, 실력이 하위 25%에 속하는 학생들은 평균 14.2개를 맞힐 수 있다고 응답해 조금 더 높은 자신감을 보였습니다.

그다음 실제로 문제를 풀어보는 테스트를 진행했습니다. 그 결과 평균 14.2개를 맞힐 수 있다고 답변한 실력 하위 25% 학생들은 정답을 9.6개밖에 맞히지 못한 것으로 나타났습니다. 실제 능력보다 자신을 높게 평가한 것이었죠. 반면 평균 14.0개를 맞힐 수 있다고 말한 상위 25%의 학생들은 그보다 많은 16.9개를 맞혔습니다. 연구자들은 실력이 부족할수록 자신의 능력을 과대평가하는 반면, 진짜 실력을 갖춘 사람들은 자신의 부족한 부분을 잘 알기 때문에 자신을 더 겸손하게 평가한다고 결론을 내렸습니다.

이를 토대로 만들어진 것이 바로 능력 수준과 자신감의 관계를 설명하는 더닝-크루거 곡선(Dunning-Kruger curve)입니다. 처음 어떤 분야에 대해 알게 됐을 때는 마치 내가 그 분야를 다 아는 것처럼 자신감이 하늘을 찌르다가 지식이 점점 늘어날수록 아직 모르는 것이 많다는 생각에 자신감이 하락합니다. 그 후 지식과 경험을 더 쌓아 전문가 수준으로 올라서면 다시 자신감이 상승한다는 것이 바로 더닝-크루거 곡선의 내용입니다. 즉, 더닝 크루거 곡선의 뒷부분을 차지하는 진정한 자신감의 원천은 제대로 갖춰진 실력과 함께 '자신이 무엇을 알고 무엇을 모르는지' 정확히 파악하는 능력이라고 할 수 있습니다.

리더가 근자감을 피하는 방법

이런 관점에서 리더가 더닝-크루거 효과, 즉 근자감을 피할 수 있는 방법은 명확합니다. 바로 지적 겸손함(intellectual humility)을 갖는 것입니다. '지적 겸손함'이란 자신의 지식수준을 정확히 알고 자신이 잘 모르는 것은 솔직히 인정하는 것을 말합니다.[49] 지적 겸손함을 가진 리더는 모르는 것은 모른다고 말합니다. 또, 내가 틀리고 다른 사람이 맞을 수도 있다는 점을 항상 염두에 둡니다.

일반적으로 겸손함이라고 하면 스스로를 낮추는 것이라고 생각하기 쉽지만 사실 겸손함의 가장 큰 특징은 나를 낮추는 것이 아니라 다른 사람을 높이는 것입니다. 다른 사람의 지식과 강점을 인정하는 것이죠. 그래서 지적 겸손함을 지닌 리더는 우월감을 갖거나 자신의 의견을 근거 없이 고집하지 않고 열린 자세로 다른 사람의 의견을 경청합니다.

보통 스마트한 리더의 기준으로, 그가 얼마나 많은 지식을 가지고 있으며 답을 제시해야 하는 상황에서 얼마나 옳은 답변을 내놓는지를 따집니다. 그러나 자신이 틀렸을 때 이를 인정하고 자신의 의견을 바꿀 수 있는 리더가 더 스마트한 리더라고 할 수 있습니다. 실제로 다수의 의사결정 연구를 보면, 자신이 틀렸음을 기꺼이 받아들이고 번복할 줄 아는 리더가 장기적으로 더 나은 의사결정을 하는 것으로 나타납니다.

리더십도 마찬가지입니다. 이렇게 자신이 모르는 것에 대해서는 분명하게 인정하는 것이 리더의 매우 중요한 덕목입니다. 그래야 자신의 능력을 과대평가하지 않고 객관적으로 받아들여 부족한 부분을 채우며 실력을 더 키울 수 있기 때문입니다.

근자감 높은 직원을 이끄는 리더십

한편 조직에는 근자감을 지닌 직원도 있게 마련입니다. 지식과 실력이 부족한데도 이를 객관적으로 인식하지 못하고 스스로 매우 능력 있다고 평가하는 직원들이죠. 이런 직원들로 인해 가끔 리더가 난감한 상황에 처하기도 합니다.

그런 직원에게 객관적 사실에 기초한 평가를 그대로 전달하자니 업무 의욕을 꺾는 일인 것 같고, 그렇다고 계속 업무를 맡기자니 성과가 나지를 않습니다. 그렇다면 이런 직원들에게는 어떤 리더십을 발휘해야 할까요?

첫 번째로, 직원의 능력을 세심히 살펴 이에 맞는 업무를 부여해야 합니다. 이런 직원들은 자기 능력을 과대평가하고 자신감도 지나치게 높기 때문에 감당하기 어려운 업무에 자원하는 경우가 있습니다. 난이도 높은 업무에 과감히 도전하는 것 자체가 나쁘다고 할 수는 없지만 당장 안정적 성과가 나야 하는 일이라면 문제가 될 수 있겠죠. 따라서 단기적으로 완수해내야 하는 일인 경우에는 이 직원이 성과를 낼 수 있는 일인지를 먼저 판단해보아야 합니다.

두 번째로, 이 직원들은 자신이 무엇을 모르는지 정확히 인식하지 못하는 경우가 많습니다. 그러므로 그 점을 인식할 수 있도록 해당 분야에서 지식이나 경험을 많이 쌓은 사람과 함께 일할 기회를 주는 것이 좋습니다. 즉, 우물 밖에 훨씬 더 넓은 세상이 있다는 것을 간접적인 방식으로나마 보여주는 것이죠. 이런 경험은 이들에게 현재 자신의 수준을 돌아보고 스스로 부족한 점이 무엇인지를 파악하는 기회가 될 수 있습니다.

세 번째로, 객관적인 성과 피드백이 필요합니다. 이 직원들은 자신의 성과에 대해서도 실제보다 높게 평가하는 경향이 있습니다. 따라서 아무 설명 없이 낮은 고과를 부여하면 평가가 공정하지 못하다며 불만을 품을 수 있습니다. 그렇기에 리더가 이들에 대해서는 성과 피드백을 할 때 좀 더 신경을 써야 합니다. 즉, 리더의 주관적 의견보다는 객관적인 데이터를 보여주며 설명하는 방식으로 피드백하는 것이 좋습니다.

또한, 근자감을 가진 직원의 성과가 리더의 기대에 못 미치더라도 공개적인 자리에서 질책하는 일은 피하는 것이 좋습니다. 스스로에 대한 자신감이 높기 때문에 공개적으로 질책을 받으면 자신의 미흡한 점을 돌아보기보다 조직에서 인정받지 못한다는 불만과 좌절감을 더 강하게 느낄 가능성이 높습니다.

실력이 조금 부족하더라도 자신감 넘치는 직원은 분명 긍정적 측면이 있습니다. 자존감이 강하고 도전적이기 때문에 자신의 실력을 객관적으로 파악하고 학습할 기회가 주어지기만 한다면 스스로를 더욱 발전시킬 수 있습니다. 따라서 너무 부정적인 시각으로만 보지 말고 눈높이를 맞추며 실력을 북돋아주는 리더십이 필요합니다. 직원의 부족한 부분을 살피고 이를 채워 역량을 이끌어내는 것이 바로 리더가 존재하는 이유일 것입니다.

'지적 겸손함'에 기반한 사고방식

모르는 것을 모른다고 솔직히 인정하는 '지적 겸손함'은 리더가 갖추어야 할 중요한 덕목 중 하나입니다. 지적 겸손함은 다음과 같은 사고방식에 기반합니다.

1. 나의 관점은 다른 관점과 마찬가지로 틀릴 수 있다.

2. 나의 관점은 제한된 정보에 기반한 것이다.

3. 어떤 문제에 대해 내가 모든 것을 알고 있지는 않다.

4. 내가 얻은 정보의 출처보다 더 좋은 출처가 있을 수 있다.

5. 어떤 사실과 그것을 내가 이해하는 것에는 격차가 있을 수 있다.

6. 나는 새로운 정보에 열려 있다.

7. 나의 관점은 미래에 틀린 것으로 판명이 날 수 있다.

8. 나는 명확한 증거를 간과했을 수 있다.

9. 나는 추가적 정보나 증거가 나오면 나의 관점을 바꿀 수 있다.

자료: Hoyle, R. H., Davisson, E. K., Diebels, K. J. & Leary, M. R. (2016). "Holding Specific Views with Humility: Conceptualization and Measurement of Specific Intellectual Humility". *Personality and Individual Differences*, 97, 165-172.

22

부하직원이
나보다 나이가 많을 때

: 팀 전체를 생각하는 리더십 발휘하는 법 :

과거에는 한 부서에서 부서장이 가장 나이가 많은 것이 당연한 일로 여겨졌습니다. 그러나 정년 60세가 법제화되고 조직에 중장년층이 늘어나면서 이제는 부서장보다 나이 많은 직원을 어렵지 않게 볼 수 있습니다. 또 과거에는 부서장 등 보직을 맡았다가 내려놓게 되면 회사를 떠나는 것이 일반적이었으나 지금은 다시 부서원으로 실무를 하는 경우도 많아졌죠.

　부서에 자신보다 나이 많은 직원이 있을 때 리더는 이 연상 직원을 어떻게 대해야 할지 고민이 됩니다. 연상 직원을 배려하는 의미로 업무를 줄여주자니 '뒷방으로 물러나라는 뜻인가?'라는 오해를 할 것

같고, 다른 직원들과 똑같이 대하자니 '그래도 내가 이 조직에서 일한 게 몇 년인데' 하는 서운한 마음이 들 것 같아서죠. 그렇다고 피할수도 없습니다. 이런 상황에서 지혜롭게 리더십을 발휘할 방법은 무엇일까요?

연상 직원이 필요로 하는 것

리더는 먼저 연상 직원의 입장을 충분히 이해할 필요가 있습니다. 과거보다 많이 완화되기는 했으나 여전히 우리나라 조직에는 수직적위계문화가 존재하고 나이 많은 사람이 높은 직급에 있는 것을 자연스럽게 여기죠. 최근 들어 리더와 직원 간 나이 역전이 발생하는 경우가 많아졌다 하더라도 일반적 트렌드 변화와 그것이 '나의 경우'가되어 직접 경험하는 것은 다릅니다.

대다수 직원은 후배가 부서장이 되어 연하 상사가 되는 순간 직장생활에서 자신의 한계를 실감합니다. 더 이상 조직에서 올라가기 어렵다는 실망감과 그렇다고 당장 회사를 그만둘 수도 없는 현실적인문제 사이에서 고민이 많아지죠. 리더는 연상 직원이 처한 바로 이런상황과 그에 따른 정서적 측면을 먼저 이해할 필요가 있습니다.

또 연상 직원이 현재의 상황과 앞으로의 커리어에 대해 어떤 생각을 가지고 있는지를 리더가 아는 것도 중요합니다. 어떤 직원은 퇴직

준비를 위해 1년 정도의 유예기간을 갖고 싶어할 수도 있고, 어떤 직원은 이러한 상황에 개의치 않고 정년까지 현재 업무를 열심히 수행하고 싶어할 수도 있습니다. 또 어떤 직원은 다른 업무나 부서로 직무 전환을 하고 싶어할 수도 있죠.

물론 리더가 당장 이러한 요구를 다 들어줄 수는 없을 겁니다. 그럼에도 불구하고 리더가 직원의 니즈를 파악하는 것은 매우 중요한 일입니다. 그렇지 않으면 도움을 주려는 의도로 한 리더의 행동이 연상 직원을 더욱 곤란하게 만들 수 있습니다. 이것이 연상 직원들의 일반적 정서가 아닌 직원 개개인의 니즈와 정서를 파악하는 것에 주의를 기울여야 하는 이유입니다.

연상 직원에 대한 리더십

리더와 연상 직원의 관계는 상황에 따라 매우 다양한 모습으로 나타나기 때문에 '이것이 정답'이라고 하나를 제시하기는 어렵습니다. 하지만 공통적으로 적용할 수 있는 몇 가지 원칙은 있습니다.

첫째, 리더와 연상 직원 간에 서로 존중하는 관계를 형성하는 것이 무엇보다 중요합니다. 물론 리더는 모든 직원을 다 존중해야 하죠. 그러나 연상 직원을 대할 때는 조금 더 겸손한 태도로 존중하는 모습을 보일 필요가 있습니다. 리더가 자신에게 예의를 지켜줄 때 연상 직원도 리더를 상사로서 존중할 겁니다.

또한 연상 직원이 부서에 있을 때 리더는 위계적 상하관계가 담긴 언어 표현을 가급적 지양하는 것이 좋습니다. 예를 들어 '부하직원'이라는 말 대신 '직원'이나 '부서원'이라는 용어를 쓰고, 습관적으로 튀어나오는 말이라도 '내 밑에 있는 (직원)'이라는 식의 말은 사용하지 않는 것이 좋습니다. 업무를 부여할 때는 '(일을) 시키다'라는 표현보다 '요청하다'라는 표현을 쓰면 상대방이 더 존중받는다는 느낌을 갖게 됩니다. 물론 이러한 언어 표현은 꼭 연상 직원뿐 아니라 부서 내 다른 모든 직원에게도 동일하게 적용하는 것이 좋습니다.

그런데 가끔은 연상 직원이 공식적인 자리에서 리더를 하대하는 등 후배로 대하는 경우가 발생하기도 합니다. 연상 직원의 이런 태도는 그 의도가 어떻든지 간에 부서 전체에 부정적 영향을 끼칠 수 있습니다. 그러므로 이런 경우에는 연상 직원에게 리더로서 존중감을 표해달라는 의사를 분명히 전달해 향후 그런 일이 다시 발생하지 않도록 해야 합니다. 단, 리더가 연상 직원에게 이런 의사를 전달할 때는 다른 직원이 없는 자리에서 정중히 하는 것이 좋습니다.

둘째, 리더는 연상 직원이 부서에 기여할 방안을 같이 찾고 역할을 부여해주어야 합니다. 연상 직원이 기존에 담당하는 업무로 이미 부서에 충분히 기여하고 있다면 리더는 적절한 피드백을 제공하며 성과를 잘 관리해주면 됩니다.

그러나 만약 연상 직원의 업무량이 다른 직원에 비해 현저히 적거나 부서의 성과에 기여하고 있지 못하다면 리더는 이 문제에 대해 더 깊이 고민해야 합니다. 이는 연상 직원에 대한 배려나 업무량 문제를 넘어 부서 전체의 업무 배분과 공정성 문제로 연결되기 때문이죠.

특히 최근 젊은 직원들은 공정성 문제에 매우 민감합니다. 그들은 자신의 업무량과 보상의 적정성은 물론 다른 직원의 업무량과 보상이 적정한가에 대해서도 관심이 많습니다. 나의 업무량과 다른 직원의 업무량, 그리고 나의 보상과 그들의 보상을 공정성의 잣대로 비교하는 것입니다. 그들은 직급이 높다는 이유만으로 높은 급여를 받는 것은 부당하다고 여기며, 높은 급여를 받고 있다면 반드시 그에 걸맞은 기여를 해야 한다고 생각합니다.

연상 직원들은 대부분 근속연수가 길기 때문에 일반적으로 업무량이 많은 30대 대리나 과장들보다 급여가 많죠. 그런데 연상 직원이 이에 상응하는 기여를 하지 못한다는 생각이 들 경우 젊은 직원들은 이를 매우 불공정하다고 느끼고 때로는 이 때문에 갈등이 빚어지기도 합니다.

이에 대해 기성세대는 '연상 직원은 이미 오랜 시간 동안 조직에 기여한 것이 있지 않느냐' 하는 논리를 펴는데, 이것으로 젊은 직원들을 설득하기는 어렵습니다. 연봉은 연 단위로 책정되므로 과거의 기여와 관계없이 매년 급여 수준에 합당한 업무를 수행하고 성과를 내야 한다는 것이 그들의 주장이죠. 이를 논리적으로 반박하기는 어렵습니다. 따라서 리더는 부서 전체의 업무량과 개인별 전문성을 고려하여 모든 직원에게 업무를 적정하게 배분하고 그들이 성과를 낼 수 있도록 도와주어야 합니다.

부서 내에 연상 직원이 있을 경우 이렇듯 다양한 측면에서 관심을 가져야 하지만, 한편 그 직원에게만 너무 신경 쓰다 보면 다른 직원들과의 형평성 등 또 다른 관리 포인트를 놓칠 수도 있습니다. 따라서 리더는 연상 직원에 대해 주의를 기울이되 팀 전체의 환경과 직원들의 니즈를 종합적으로 고려하여 부서를 이끌어나가야 합니다.

연상 직원을 대할 때 필요한 대원칙

리더들이 곧잘 범하는 실수 중 하나는 연상 직원의 위상을 세워주겠다면서 부서 내에 원래 없던 비공식 포스트를 만드는 겁니다. 예를 들어 직급이 낮고 업무가 유사한 직원 3~4명을 모아 연상 직원의 관리하에 두고 그에게 업무보고를 하도록 하는 것이죠. 이는 연상 직원이 다른 젊은 직원과 유사한 위치가 아니라는 것을 가시적으로 보여줌으로써 그의 위상을 세워주려는 의도일 것입니다. 또 리더 입장에서는 직원들의 업무보고가 연상 직원을 한번 거쳐서 올라오면 자신의 수고가 덜어질 것이라는 생각도 있을 겁니다. 즉 관리 책임의 일부를 연상 직원에게 부여하는 것이죠. 연상 직원의 입장에서도 나쁠 것은 없습니다. 비공식이기는 하나 젊은 직원들과 똑같이 실무를 전적으로 담당하기보다 일정 부분 관리자의 역할을 한다는 점이 긍정적으로 받아들여질 수 있습니다.

그러나 어느 날 갑자기 연상 직원의 관리 대상이 된 젊은 직원들의 입장은 어떨까요? 그들에게는 또 한 명의 상사와 보고 대상이 생긴 셈이고, 조직 차원에서는 하나의 계층이 더 생긴 것이 됩니다. 그들은 부서장에게 보고를 하기 전에 관리 책임을 맡게 된 연상 직원에게 먼저 업무보고를 해야 하고, 수정이나 추가 지시가 있을 경우에는 이를 다시 작업해야 하겠죠. 그런 다음 부서장에게 갔을 때 잘 통과가 되면 그나마 낫겠으나 연상 직원과 부서장의 생각이 다를 때는 다시 다른 방향으로 재작업을 해야 할 수도 있습니다. 이렇게 되면 직원 개인이나 조직 차원에서 매우 소모적인 일이 아닐 수 없습니다.

물론 연상 직원이 오랜 조직생활을 통해 많은 경험과 지식을 가지고 있어 후배 직원들의 업무에 큰 도움을 줄 수도 있겠죠. 하지만 이런 경우에도 직원들에게 보고받고 업무를 부여하는 관리 책임을 맡기는 것은 적절치 않습니다. 이보다는 연상 직원에게 후배들을 도와주는 지원자 역할을 정중히 요청하는 것이 더 바람직한 방법입니다. 그리고 직원들에게도 어려운 일이 있을 때 연상 직원에게 도움을 청하라고 얘기해두면 서로 필요한 상황에서 수평적으로 도움을 주고받을 수 있습니다.

연상 직원을 선배로서 존중하는 것과 부서 내에서 관리 책임을 부여하는 것은 완전히 다른 문제입니다. 리더가 연상 직원에 대한 존중을 표현하기 위해서 어떤 조치를 취하고 싶다면, 우선 그것이 부서 내의 다른 직원들에게 어떤 영향을 미칠지 충분히 고려해야 합니다. 어느 순간에도 당신은 연상 직원의 상사일 뿐 아니라, 한 조직의 리더임을 잊지 말아야 합니다.

연하 상사와 연상 부하에 대한 설문조사 결과

구인구직 플랫폼 '사람인'이 직장인 1,113명을 대상으로 조사한 결과를 보면, '어린 상사'(54.4%)가 '나이 많은 부하'(45.6%)보다 함께 일하기에 더 불편하다고 응답한 이들이 많았습니다.

· 같이 일하기 더 불편한 유형은? ·

어린 상사와 일하는 것에 스트레스를 받는 이유로는 '리더십 및 경험 부족'(53.6%, 복수응답)이 1위를 차지했고, 그다음으로는 '나이도 어린데 권위적으로 행동해서'(49.5%), '내 의견이나 방식을 무시해서'(25.5%), '자존심이 상해서'(18.9%), '사소한 일도 다 보고하라고 해서'(16.8%) 순이었습니다.

한편, 나이 많은 부하와 일하는 것에 스트레스를 받는 이유로는 '업무상 과실을 지적하기 어려워서'(44.6%), '내 의견이나 지시를 무시하고 따르지 않아서'(40.7%), '변화를 받아들이지 않고 꼬투리만 잡아서'(35.1%), '나이 많은 걸 과시해서'(27.6%), '은근슬쩍 말을 놓고 본인을 무시해서'(26.2%) 순이었습니다.

정년 60세 시대, 조직 내에서 상하 간 나이 역전은 더욱 빈번해질 수밖에 없습니다. 따라서 나이에 관계없이 서로를 존중하고 공과 사를 잘 구분하여 본연의 역할을 충실히 수행하는 조직문화 조성이 필요할 것입니다.

자료: "직장인 절반, '나보다 어린 상사 싫어요'" (2021. 7. 26). 〈www.saramin.co.kr〉.

23

일일이 물어보는 직원을 위한 리더십

: '작은 성공' 경험 만들어주기 :

충분히 알아서 할 만한 일도 일일이 리더에게 물어보는 직원이 있습니다. 업무를 진행해나가는 과정이나 단계마다 사소한 결정사항을 모두 리더에게 가져오는 것이죠. 처음에는 '중간보고이려니' 생각했던 리더도 자잘한 사항을 너무 빈번하게 상의해 오니 '이렇게 일일이 답을 해주는 게 맞나?' 하는 생각이 듭니다. 그렇다고 무조건 그 직원에게 '알아서 하라'고 할 수도 없는 노릇이죠. 이런 상황에서 리더는 어떻게 해야 할까요?

일일이 물어보는 직원, 무엇이 문제인가?

직원이 업무 진행상 어려움이 있거나 결정하기 어려운 사안이 생겼을 때, 리더에게 물어보고 상의하는 것은 자연스러운 일입니다. 이에 응하는 것이 리더의 당연한 역할이기도 하죠. 그렇지만 이런 일이 너무 빈번해 심지어 리더와 직원의 역할까지 모호해진다면 이것은 간단한 문제가 아닙니다.

먼저, 직원이 매번 이런 방식으로 업무를 진행하면 시간이 지나도 업무 전문성을 높이기 어렵습니다. 해당 분야에서 실력을 쌓기 위해서는 많이 보고 여러 번 생각하고 이런저런 결정을 내리며 지식과 경험을 체득하는 것이 중요합니다. 그런데 직원들이 리더를 비롯해 다른 사람의 머리를 빌려 하나하나 답을 얻어서는 결과가 아무리 좋다 하더라도 이를 통해 자신의 실력을 쌓아가기가 어렵습니다.

리더 입장에서도 이런 방식은 바람직하지 않습니다. 결과적으로 직원이 해야 할 일을 리더가 대신해주는 셈이 되기 때문이죠. 마땅히 직원들이 고민해야 할 일을 대신 생각하고 답을 찾아주느라 리더 본연의 업무에 집중할 시간을 빼앗기는 겁니다. 기회비용의 관점에서 보면 큰 손실이 아닐 수 없습니다.

결론적으로, 직원이 업무를 처리해나가는 과정에서 일일이 리더에게 물어보고 답을 구하는 것은 결과와 관계없이 리더와 직원 모두에게 독이 됩니다.

일일이 물어보는 직원, 왜 그런가?

직원이 업무의 모든 단계에서 일일이 리더에게 물어보고 의견을 구하는 이유는 무엇일까요? 그 이유를 몇 가지 상황으로 나누어 살펴보겠습니다.

첫 번째로 직원 스스로 업무 진행이나 의사결정을 하는 데 있어 불안감을 느끼기 때문입니다. 이런 상황은 주로 입사한 지 얼마 되지 않은 주니어 직원이나 새로운 업무를 맡은 직원에게 자주 발생합니다. 이들은 스스로 지식과 경험이 부족하다고 느끼기 때문에 확인과 검증을 더 자주 받고 싶어합니다. 즉, 수학 문제를 풀고 나서 문제집 뒤에 있는 답안지로 답을 맞추어보듯 리더에게 그때그때 검증을 받고자 하는 것이죠.

이들에게 필요한 것은 학습과 자신감입니다. 그러므로 리더는 이들이 질문을 해 올 때 답을 알려줄 것이 아니라 문제를 푸는 방법을 가르쳐주어야 합니다. 또 해당 분야의 지식을 가능한 한 빨리 습득하도록 독려하고 지원해주어야 합니다. 선배 직원을 멘토로 지정해 필요한 지식과 일하는 방법을 알려주도록 하는 것도 좋은 방법입니다.

이들이 업무를 해나가면서 불안감을 버리고 자신감을 갖도록 도와주는 것도 중요합니다. 그러려면 작은 성공 경험이 필요합니다. 리더는 이들이 스스로 결정하여 수행한 업무에 대해 관심을 갖고 칭찬과 인정을 해줌으로써 성공 경험을 만들어줄 수 있습니다. 이런 경험이 쌓이면 조금씩 불안한 마음에서 벗어나 자신감을 갖고 보다 적극적으로 업무를 수행할 수 있을 것입니다.

두 번째로, 직원이 리더에게 자주 물어보는 것은 그렇게 하는 것이 가장 효율적인 방법, 즉 지름길이라고 생각하기 때문입니다. 이들은 스스로 탐색하고 방법을 찾아나가는 과정을 시간 낭비로, 즉 소모적인 것으로 생각합니다. 자신이 아무리 열심히 방법을 찾아도 리더가 다른 시각을 제시하면 그 노력이 다 헛고생이 된다고 판단하는 것이죠. 그래서 자신의 노력을 쏟고 시간을 들이기보다는 조금 더 빨리 리더에게 물어봐서 답을 얻거나 리더가 참석하는 회의를 여는 방식으로 리더의 판단을 듣고자 합니다.

그러나 앞서 말한 바와 같이 이런 식으로 일을 하면 실력을 높이기 어렵습니다. 스스로 탐색하고 생각하는 힘을 기를 기회가 없기 때문이죠. 따라서 리더는 너무 자주 찾아와 답을 구하는 직원에게는 그 직원이 생각하는 방향과 답은 무엇인지를 먼저 물어보는 방식으로 응하는 것이 좋습니다. 리더에게 상의를 청할 때는 최소한 자신의 생각을 가지고 와야 한다는 말을 해주고, 아무런 대안도 없이 리더를 찾아와 답을 얻고자 하는 것은 업무 담당자로서 좋은 태도가 아니라는 것을 알려주어야 합니다.

세 번째 상황은 리더가 마이크로매니저인 경우입니다. 마이크로매니저는 직원들을 믿지 못하고 사소한 일도 일일이 보고하도록 요구하는 관리자를 말합니다. 그들은 부서 내에서 자신이 모르는 일이 있으면 안 된다고 생각하죠.

처음에는 그저 보고를 받는 데서 시작하지만 시간이 지남에 따라 마이크로매니저는 점점 모든 일을 자신의 통제 아래 두고 싶어집니다. 조금이라도 마음에 들지 않는 일은 수정을 요구하고 작은 일까지 모두 자신의 결정에 따르기를 바라게 되는 것이죠.

이런 일을 몇 번 경험하고 나면 직원들은 어차피 모든 일이 리더의 뜻대로 결정된다고 판단하게 됩니다. 그래서 나중에는 모든 일을 일일이 물어보고 리더의 결정대로 실행합니다. 리더는 '역시 내가 없으면 부서가 잘 돌아가지 않는다'라고 생각하며 내심 뿌듯해하죠.

이때의 가장 큰 문제는 직원들이 더 이상 일에서 즐거움을 느낄 수 없다는 것입니다. 리더의 성향에 따라 어쩔 수 없이 이런 상황에 처하게 되었다 하더라도 사실 이렇게 완벽한 통제를 받으며 일하고 싶어하는 직원은 없습니다.

이 경우는 리더가 마이크로매니징을 하며 직원들을 수동적으로 만들어버린 것이므로 리더 자신이 먼저 달라져야 합니다. 과도한 통제욕구를 내려놓고 직원들이 스스로 의사결정을 할 수 있도록 권한과 시간을 주어야 합니다. 직원의 결정이 리더의 의견에 완벽하게 부합하지 않더라도 조직에 치명적 피해를 입히는 급박한 상황이 아니라면 인내심을 갖고 일이 진척되는 상황을 지켜보는 여유가 필요합니다. 그래야 직원들도 시행착오를 겪어가며 더 많은 것을 배울 수 있습니다.

위의 세 가지 상황에서 살펴본 바와 같이 직원이 작은 일까지 일일이 리더에게 보고하고 결정을 받으려는 것은 직원의 잘못일 수도, 리더의 잘못일 수도 있습니다. 누구의 잘못이건 간에 분명한 사실은 이런 형태의 업무 진행은 장기적으로 리더와 직원 모두에게 도움이 되지 않는다는 것입니다. 만약 리더가 자신도 모르는 사이에, 또는 통제욕구를 이기지 못하고 직원들이 해야 할 생각과 결정을 대신해주고 있다면 더 늦기 전에 바로잡아야 합니다. 그것은 리더의 일이 아니기 때문입니다.

직장생활의 질을 결정하는
'작은 성공' 경험

하버드 경영대학원의 테레사 애머빌(Teresa Amabile) 교수는 26개 프로젝트 팀의 238명에게 4개월 동안 직장에서 경험한 것을 일기로 써줄 것을 요청했습니다. 이에 따라 실험 참가자들은 매일의 동기부여 수준, 기분과 감정, 작업 환경에 대한 인식, 그리고 그날의 업무와 관련된 내용을 기록했습니다.

4개월 동안 총 1만 2,000여 개가 넘는 일기가 수집되었고, 연구팀은 이들의 직장에서 일어난 일들이 개인성과(생산성, 창의성 등)에 어떤 영향을 미치는지를 분석했습니다.

그 결과 이들의 직장생활 행복감을 높이고 성과에도 큰 영향을 미치는 가장 중요한 요인은 '자신의 일에서 한 단계 전진한 경험'인 것으로 나타났습니다. 실험 참가자들이 '좋은 날'이라고 인식했다고 응답한 날의 약 76%는 직장에서 이러한 '전진(progress)'을 경험한 날이었습니다. 다음으로 업무에 대한 지원을 의미하는 '촉매(catalysts)'가 43%, 격려의 말이나 존중 등 인간적 측면의 지원을 뜻하는 '영양소(nourishers)'가 25%로 뒤를 이었습니다.

• '좋은 날'로 인식한 날에 일어난 일 •

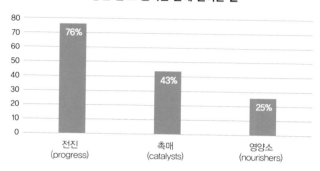

애머빌 교수는 업무를 하며 전진을 느끼면 기분이 좋아지고 주변 환경을 긍정적으로 인식하게 되며 업무에 동기부여가 된다고 했습니다. 이른바, '전진의 원리(The Progress Principle)'입니다.

전진이 꼭 큰 성공일 필요는 없습니다. 애머빌 교수는 한 인터뷰에서 "전진의 원리는 일상적이거나 점진적인 작은 전진에도 그대로 적용된다. 다시 말해 큰 성공이 아닌 '작은 성공(small wins)'만으로 충분하다는 뜻이다. 이는 일기 분석을 통해 확인한 사실이다"라고 말했습니다.

자료: Amabil, T., & Kramer, S. (2011. 5). "The Power of Small Wins". *Harvard Business Review*; 김인수 (2018. 4. 20). "[김인수 기자의 사람이니까 경영이다] 작은 전진의 힘: 행복은 크기보다 빈도". 《매일경제신문》.

열심히 일해도 성과가 나지 않는 직원이 있다면?

: 문제점에 대해 터놓고 대화하기 :

아무리 업무가 많아도 기꺼이 맡아 열심히 일하고 동료의 요청에도 흔쾌히 자신의 시간을 할애해 도움을 주는 직원들이 있습니다. 이들은 대부분 다른 직원들보다 일찍 출근하고 더 오랜 시간 동안 사무실에 머물며 일하죠. 스스로도 '나는 꾀를 부리지 않고 묵묵히 일하는 우직한 직원'이라고 생각합니다. 그런데 결정적으로 업무에서 좋은 성과를 내지는 못합니다. 그래서 결국 높은 고과를 받거나 실력 있는 직원으로 인정받지는 못하죠. 리더가 보기에도 안타깝지만, 이렇게 조직에는 열심히 일하지만 그에 비해 성과는 낮은 직원들이 있습니다.

근면성실한데 무엇이 문제일까?

업무에 많은 시간과 노력을 쏟아붓는데도 성과가 안 나는 경우, 문제의 원인은 대부분 둘 중 하나입니다. 업무를 수행하기에 충분한 지식이나 스킬이 없거나, 일하는 방법을 잘 모르는 것이죠. 물론 두 경우 모두에 해당할 수도 있습니다.

먼저, 지식이나 스킬이 없다는 것은 진주 목걸이를 만들어야 하는데 진주가 없거나 품질이 낮은 가짜 진주만 가지고 있다는 의미입니다. 예를 들어 마케팅 관련 보고서를 쓰려면 마케팅에 대한 기본 지식과 최근 트렌드를 잘 알고, 회사의 비전에 맞는 전략을 짤 수 있어야 합니다. 여기에 통계분석 결과를 더하려면 기본적 분석 기법을 알아야 하고 통계 프로그램도 다룰 줄 알아야 하죠. 이런 것들이 해당 분야에서 필요한 지식과 스킬, 즉 진주인 겁니다.

한편, 일하는 방법을 모른다는 것은 어떤 의미일까요? 아무리 좋은 진주를 가지고 있어도 이를 목걸이로 잘 꿰어내지 못한다는 것이죠. 보고서를 쓰면서 어느 부서와 협업해야 하는지, 보고서 전체를 어떤 흐름으로 구성해야 하는지, 보고는 어떤 단계를 밟아서 해야 하는지 등은 진주를 꿰는 방식, 즉 일하는 방법에 해당합니다.

결국 일을 열심히 하는데도 성과가 나지 않는 경우 이 두 가지 중 하나, 또는 두 가지가 모두 결여되어 있는 것으로 봐야 합니다.

어떻게 도와주면 될까?

성과가 높지 않지만 열심히 일하는 직원들은 스스로 실력이 부족하다는 것을 인식하고 이를 만회하기 위해 더 열심히, 더 성실히 일하는 경우가 많습니다. 이 또한 자신의 중요한 경쟁력이라고 생각하기 때문이죠. 그렇다면 리더는 이런 직원들과 어떤 대화를 나누고 어떻게 도움을 주어야 할까요?

대화를 시작할 때 리더는 먼저 직원의 근면성실함에 대해 인정하고 칭찬해주는 것이 좋습니다. 다만 성과를 내는 것과 성실하게 일하는 것은 분명 다른 차원의 문제이며 성실하게 일하는 것만으로 미흡한 성과를 상쇄할 수는 없다는 점도 명확히 해주어야 합니다.

여기서 리더가 주의할 점이 하나 있습니다. 직원에게 기대하는 성과가 나지 않는다고 해서 '직원이 열심히 일하는 것' 자체를 폄하해서는 안 된다는 겁니다. 예컨대 '열심히 일하면 뭐 해, 성과를 내야지'라는 식의 생각이나 발언은 리더와 직원 누구에게도 도움이 되지 않습니다. 리더가 먼저 '성실히, 열심히 일하는 것'의 가치를 인정할 때 직원도 더 나은 성과를 내겠다는 마음으로 리더와의 대화에 솔직하게 임할 수 있습니다.

그리고 대화에서 가장 중요한 부분은 직원이 성과를 높이기 위해 무엇이 더 필요한지를 함께 논의하는 겁니다. 이를 위해 리더는 직원에게 어떤 역량이 부족해 보이는지를 분명하게 말해주고, 부족함을 메우기 위해 무엇을 도와주면 좋을지를 물어봐야 합니다.

앞서 말한 바와 같이 원인은 대부분 두 가지로 압축됩니다. 지식이나 스킬이 부족하거나 일하는 방식을 잘 모르기 때문이죠. 따라서 미흡한 부분이 무엇이냐에 따라 리더의 지원 방법도 달라져야 합니다.

만약 특정 부분의 지식이나 스킬이 부족한 것이라면 시간을 할애해 교육과정에 들어갈 수 있도록 지원해주는 것이 가장 좋은 방법입니다. 다른 일을 하다가 마케팅 부서로 옮겨 마케팅에 대한 기본 지식이 부족하다든지 엑셀 프로그램을 사용하지 않다가 업무가 바뀌어 프로그램을 다룰 줄 알아야 하는 업무를 담당하게 되었다면, 빠른 시일 안에 이러한 지식이나 스킬을 습득할 수 있도록 교육 기회를 주어야 합니다. 최근에는 회사에서 지원하는 정규 교육 프로그램이 아니더라도 온라인을 통해 질 높은 교육을 받을 기회가 많으니 이를 활용하는 것도 좋은 방법입니다.

도움을 주고받을 동료를 매칭해주기

때로는 그 직원에게 필요한 것이 교과적 지식이나 스킬이 아니라 보고서를 작성하는 방식이나 고객을 응대하는 방식 등 회사 고유의 일하는 방법일 수도 있습니다. 이럴 때는 일을 잘하는 선배 또는 동료와 실제로 함께 일하면서 배우는 방법이 가장 효과적입니다. 이때 리더는 해당 직원의 부족한 부분에 대해 가르치고 채워줄 수 있는 직원을 매칭해 도움이 되도록 해야 합니다.

이런 경우 리더가 주의해야 할 점은 지원해주는 직원과 지원을 받는 직원의 입장을 모두 고려해야 한다는 것입니다. 먼저 지원해주는 직원 입장에서는 추가로 신경 써야 할 업무가 생긴 것이나 마찬가지죠. 따라서 리더는 다른 직원이 아닌 해당 직원에게 도움을 요청하는 이유와 어떤 부분에서 동료에게 도움을 주기를 바라는지를 구체적으로 설명해주어야 합니다. 리더가 해당 직원을 선정했을 때는 분명히 그 직원 특유의 강점이 있었을 것이므로 이를 언급하며 그에 대해 확실히 인정해주는 것도 잊지 말아야 합니다. 그래야 그 직원이 동료에게 도움을 주는 것을 의미 있는 일로 받아들일 수 있습니다.

한편 도움을 받게 되는 직원은 부서 내에서 누군가의 도움을 받아야 하는 상황이 미안하고 불편하게 느껴질 수 있습니다. 과도하게 좌절감을 느끼면 리더의 의도와 달리 오히려 부정적인 결과를 낳을 수도 있습니다. 따라서 리더는 해당 직원이 이를 너무 확대해석하지 않고 동료 간에 서로 도움을 주고받는 과정으로 이해하도록 설명을 잘해주어야 합니다. 부서 안에서 동료들이 서로 돕는 것은 자연스러운 일이며 도움을 주는 사람과 받는 사람의 위치는 언제든지 바뀔 수 있다고 알려주어야 하는 것이죠. 또 이번 일을 계기로 후배들에게 더 많은 도움을 주는 선배가 되어주기를 바란다는 것도 언급해주면 좋습니다.

아울러, 도움을 주는 직원과 받는 직원을 매칭할 때도 세심한 주의가 필요합니다. 가능하면 서로 유사한 업무를 담당하여 일하는 방법에 대해 자연스럽게 이야기를 나눌 수 있는 관계인 것이 가장 좋습니다. 또 서로 경쟁관계로 인식할 수 있는 동년배나 개인적으로 너무 친밀한 동료보다는 나이 차이가 크지 않은 선배가 도움을 주는 것이 더 자연스럽게 느껴질 것입니다.

열심히 일하는 직원들은 기본적으로 성실한 근무태도를 가지고 있기 때문에 부족한 부분을 찾아내서 조금만 지원해주면 짧은 기간 안에 눈에 띄는 성장을 보이기도 합니다. 중요한 것은 직원의 성과를 높이기 위해 부족한 부분에 대해 리더가 솔직한 대화를 나누며 최적의 방법을 찾아 실질적 도움을 주어야 한다는 점입니다. 이를 위해 리더는 앞서 말한 바와 같이 아주 세심한 설계자가 되어야 합니다.

성공적인 동료 멘토링 운영 방법

동료 멘토링을 성공적으로 이끌기 위해 다음 네 가지 사항을 체크해보세요.

1. 동료 멘토링의 목적을 명확히 설정하라

   : 업무 지식, 스킬, 네트워크 확장 등 동료 멘토링을 통해 제공하고자 하는 바를

   명확히 하고, 그에 맞는 멘토-멘티를 매칭

2. 작고 단순하게 설계하라

   : 멘토링은 학습의 보조적 수단으로 활용하고 멘토와 멘티가 이로 인해 업무 이외

   의 과중한 부담을 갖지 않도록 운영

3. 그라운드 룰을 설정하라

   : 멘토와 멘티가 지켜야 할 최소한의 룰(미팅의 빈도/시간, 멘토링 토픽 등)을 설

   정하고, 멘토링을 통해 상호 기대하는 바를 공유

4. 멘토링의 결과를 평가하라

   : 멘토와 멘티가 마무리 미팅을 하며 멘토링을 통해 얻은 성과를 서로 공유하고

   평가

자료: Neelie Verlinden, N. "The Power of Peer Mentoring in the Workplace
(now and post COVID-19)". AIHR Academy.

멘토링 연습하기

멘토링은 멘티의 잠재력과 자신감을 이끌어내는 중요한 활동입니다. 앞서 읽은 내용을 바탕으로 성공적인 멘토링을 위한 연습을 해봅시다.

☑ 기억에 남는 멘토가 있나요? 있다면 어떤 점에서 도움을 받았는지 떠올려보세요.

☑ 현재 멘토링을 하고 있나요? 당신의 멘토링을 솔직하게 평가해보세요.

☑ 궁극적으로 어떤 멘토가 되고 싶은지 적어보세요.

리더십에도 세대차이가 있다

: 서로의 리더십에서 배울 점 :

1980년대 초반 이후에 출생한 세대를 밀레니얼 세대라고 합니다. 몇 년 전만 해도 신세대의 대명사로 불렸지만 이제는 그 자리를 Z세대 (1990년대 초반 이후 출생한 세대)에게 물려주고 이미 많은 밀레니얼이 30대 중반으로 접어들었습니다. 젊은 직원에서 벗어나 조직에서 젊은 리더로 자리 잡고 있는 것이죠. 이제 웬만한 조직은 30대 밀레니얼 리더와 40~50대 중장년 리더가 공존하게 되었습니다.

　밀레니얼들이 입사하면서 리더들이 귀에 못이 박이도록 들은 얘기가 바로 신세대 관리니 세대격차니 하는 것입니다. 그렇다면 이들이 젊은 리더가 된 지금은 어떨까요? 밀레니얼 리더와 선배 세대인

40~50대 리더들은 리더십 스타일에서 어떤 차이를 보일까요? 관리의 대상에서 이제 관리자로 올라선 밀레니얼들의 리더십 이야기를 해보려고 합니다.

리더십 세대격차 첫 번째, '권한위임'

런던 비즈니스 스쿨의 줄리언 버킨쇼 교수는 20여 개국의 리더 1만여 명을 대상으로 세대에 따라 리더십 스타일에 어떤 차이가 있는지를 연구했습니다.[50] 일명 '리더십의 세대격차'에 대한 연구였죠.

이 연구결과에 따르면, 리더십 행동 중에 가장 큰 세대격차를 보이는 것은 '권한위임' 문제였습니다. 중장년 리더의 62%가 권한위임을 중요하게 생각한 반면, 밀레니얼 리더는 30%로 그 절반 수준이었습니다. 왜 밀레니얼 리더는 선배 세대만큼 권한위임에 큰 비중을 두지 않는 걸까요?

밀레니얼 리더들은 아무래도 리더 경력이 길지 않습니다. 그래서 리더의 역할보다 실무자 역할이 아직 더 익숙하죠. 내 손을 거쳐야 일이 좀 더 잘 진행되는 것 같고 실무가 줄어들면서 갑자기 프리라이더(free-rider)가 된 느낌이 들기도 합니다. 때로는 '다른 직원에게 일일이 설명하고 지시하느니 차라리 내가 하는 게 빠르겠다'라는 생각도 듭니다.

반면 중장년 리더는 리더십은 다른 사람을 움직여 성과를 내는 것이라는 믿음을 갖고 있으며, 실제로 그렇게 성공 경험을 쌓아왔습니다. 리더의 역할은 실무를 직접 처리하는 것이 아니라 조직 전체의 큰 그림을 그리고 구성원들에게 업무의 방향을 알려주는 것이라고 생각해왔죠. 그래서 중장년 리더는 업무를 지시하고 권한을 위임하며 보고받는 일에 더 익숙합니다.

그렇다면 조직에서 권한위임에 대한 리더들의 인식과 행동의 격차를 어떻게 이해해야 할까요? 각 세대의 리더십 특성으로 생각하고 그대로 존중해주어야 할까요? 아니면 무엇인가 다른 조치가 필요할까요?

'권한위임'에 대한 서로 다른 관점

권한위임은 조직을 이끄는 데 매우 중요한 리더십 행동입니다. 따라서 밀레니얼 리더가 권한위임의 폭을 넓히는 방향으로 리더십을 개발하는 것이 바람직합니다. 물론 선배 리더들의 도움이 필요합니다. 단, 중장년 리더가 밀레니얼 리더에게 권한위임에 대해 조언을 할 때는 주의가 필요합니다.

예를 들어 임원인 중장년 리더가 부하직원인 밀레니얼 리더에게 일을 직접 하지 말고 직원들에게 시키라고 조언했다고 가정해보겠습니다. 중장년의 선배 리더가 이렇게 말한 것은 팀원들에게 업무를 적절히 배분하고 권한위임을 하라는 의미였겠죠. 하지만 밀레니얼 리더는 완전히 다른 의미로 받아들일 수도 있습니다. '내가 일한 결과가 마음에 안 들어서 다른 직원에게 맡기고 싶으신가 보다'라고 오해할 수 있는 것이죠.

이런 점에서 볼 때 아직은 리더의 역할보다 실무에 익숙한 밀레니얼 리더에게는 무조건 권한위임을 권하기보다 리더로서 꼭 해야 하는 일을 먼저 알려주는 것이 효과적입니다. 예를 들면, 조직이 가야 할 방향성과 장기적인 로드맵을 구상하고 중요한 순간에 결단력 있게 의사결정을 하는 것, 그리고 직원들이 일을 하다가 어려움에 처했을 때 이를 도와주는 것 등이죠. 이런 일들을 하기 위해 리더는 시간이 필요하고 그래서 실무적인 부분은 직원들에게 적절히 권한위임을 해야 한다고 말해주는 것이 좋습니다. 즉, 선배 리더들이 밀레니얼 리더에게 조언할 때는 단편적인 내용보다 궁극적으로 리더의 역할은 무엇이고 이를 위해 어떤 리더십 행동이 필요한지를 알려주는 것이 더 효과적입니다.

한편 중장년 리더가 권한위임을 할 때 주의해야 할 것도 있습니다. 밀레니얼 리더의 눈에는 때때로 중장년 리더가 '권한위임'이라는 이름으로 리더 스스로 해야 할 일까지 다른 직원들에게 떠넘기는 것으로 비추어지기도 합니다. 그리고 그 모습을 본 밀레니얼 리더는 이를 반면교사 삼아 '나는 저러지 말아야지' 하는 생각을 가지게 되죠.

따라서 업무와 권한을 위임하는 데 익숙한 중장년 리더들은 자신들이 권한위임을 본연의 목적대로 잘 활용하고 있는지, 그리고 권한위임을 통해 직원들이 배우고 성장하고 있는지를 다시 한번 돌아볼 필요가 있습니다.

리더십 세대격차 두 번째, '문제에 접근하는 방식'

줄리언 버킨쇼 교수의 '리더십의 세대격차' 연구에서 중장년 리더와 밀레니얼 리더 간에 두 번째로 차이가 컸던 부분은 '문제를 바라보고 해결하는 방식'이었습니다.

우선, 밀레니얼 리더는 문제를 해결하는 방식으로 기술적이고 분석적인 접근법을 선호하는 것으로 나타났습니다. 그들은 문제가 있을 때 최신 기술을 적용하거나 다양한 디지털 도구를 활용하는 것을 좋아했습니다. 새로운 방법론을 탐색하고 데이터를 수집·분석하고 최신 사례를 적용해보는 것이죠.

중장년 리더가 문제에 접근하는 방식은 조금 달랐습니다. 그들은 브레인스토밍과 같은 협력적 접근법을 선호했습니다. 해결해야 할 문제가 있을 때 다른 사람들과 의견을 나누고 아이디어를 모은다고 응답한 비중은 중장년 리더가 77%, 밀레니얼 리더는 59%로 큰 차이를 보였습니다. 또, 다른 사람의 의견을 듣는 경청이 중요하다는 의견도 중장년 리더는 74%, 밀레니얼 리더는 57%로 나타났습니다. 이처럼 중장년 리더는 다양한 아이디어에 리더의 경험과 직관을 더해 문제를 해결하는 방식을 취합니다.

반면에 그들은 문제를 해결하기 위해 새로운 방법론을 탐색하고 적용하는 방식에는 큰 비중을 두지 않았습니다. 새로운 방법론을 분석 도구와 테크닉 차이 정도로 인식하기에 이를 탐색하는 것은 실무자의 몫이라고 생각하는 경향이 강했죠. 리더가 직접 이를 배우고 활용해야 한다고 생각하는 경우는 많지 않았습니다.

더 나은 접근방식은 없을까?

그런데 최근에는 조직 내에서 발생하는 문제들이 그 어느 때보다 복잡해지고 해결방법도 모호해지고 있습니다. 그래서 좀 더 다양한 접근법이 필요하죠. 즉, 중장년 리더가 주로 활용하는 토론과 직관에, 밀레니얼 리더가 자주 활용하는 데이터 분석 및 기술적인 방식을 접목해야 더 나은 해결방안을 모색할 수 있습니다.

따라서 중장년 리더들도 비록 자신이 직접 새로운 분석 툴을 다루거나 데이터 분석을 하지는 않더라도 그 결과를 해석하고 이해할 수 있는 능력을 갖추어야 합니다. 최소한 기본적인 통계 지식과 기술적 용어를 알고 있어야 분석된 결과를 올바로 이해할 수 있습니다. 그렇지 않으면 새로운 방법론과 용어들이 그저 어렵고 낯설게만 느껴져서 여기서 오는 인사이트를 놓칠 수 있습니다.

또한, 밀레니얼 리더는 새로운 기술이나 방법론을 사용하는 것 자체에 매몰되지 말고 이를 통해 질 높은 결과를 도출하는 데 좀 더 집중해야 합니다. 그리고 이렇게 도출된 결과를 잘 해석해서 관련 지식이 부족한 사람들도 쉽게 이해할 수 있도록 전달해야 합니다. 그리고 다른 사람들의 의견과 아이디어를 경청하여 종합적 관점에서 문제를 해결하는 연습도 필요합니다.

세대차이를 극복하려면 서로 다른 점을 이해하고 인정하는 것이 중요하다는 이야기들을 많이 합니다. 하지만 리더십에서 나타나는 세대차이를 극복하는 데 있어서는 한 단계가 더 필요합니다. 바로 서로가 서로에게 배우는 겁니다. 어느 한쪽이 일방적으로 다른 쪽을 가르치는 것이 아니라 서로의 강점을 배우고 함께 발전시켜야 하는 것이죠. 이렇게 세대 간 리더십의 격차를 메우려는 노력이 있을 때 조직 전체의 리더십은 더 탄탄한 기반을 갖게 될 것입니다.

구글이 말하는 좋은 리더의 조건

구글은 좋은 리더의 조건을 밝히기 위해 '옥시젠 프로젝트(Oxygen Project)'를 수행하고 매년 직원 서베이를 통해 관리자의 리더십 수준을 점검합니다. 구글이 말하는 좋은 리더의 조건 열 가지는 다음과 같습니다.

1. 좋은 코치가 되어라
2. 직원들에게 권한을 위임하고 마이크로매니징을 하지 마라
3. 포용적인 팀 환경을 조성하고 직원들의 성공과 웰빙에 관심을 보여라
4. 생산적이고 결과를 중심에 두는 리더가 되어라
5. 소통하는 리더가 되기 위해 경청하고 정보를 공유하라
6. 직원들의 경력개발을 지원하고 성과에 대해 논의하라
7. 팀에 명확한 비전과 전략을 제시하라
8. 팀을 지원하기 위해 필요한 기술을 갖추어라
9. 전사적으로 협력하라
10. 강력한 의사결정자가 되어라

자료: Harrell, M., & Barbato, L. (2018. 2. 27). "Great Managers Still Matter: The Evolution of Google's Project Oxygen", re:Work-Google.

26

새로운 세대는
새로운 조직을 원한다

: MZ세대가 바라는 조직 만들기 :

최근 조직에서 눈에 띄는 변화 가운데 하나로, MZ세대의 목소리가 커졌다는 점을 들 수 있습니다. MZ세대는 1980년대 초반 이후에 태어난 밀레니얼 세대와 1990년대 초반 이후에 태어난 Z세대를 함께 지칭하는 용어로, 1980년대 초반 이후에 태어난 모든 젊은 세대를 아우르는 세대 명칭입니다.

그런데 조직에서 MZ세대의 목소리가 커진 것은 조직구성원으로서 그 비중이 커졌기 때문이기도 하지만 이전 세대에 비해 뚜렷한 가치관을 갖고 있기 때문입니다. 그리고 이를 마음에 품고만 있지 않고 다양한 방법으로 표현하는 한편, 조직에 요구하기도 합니다. MZ세

제3장 • 맞춤형 리더십이 필요할 때

대가 바라는 조직은 과연 어떤 모습일까요?[51]

직원의 웰빙에 신경 쓰는 조직

먼저 MZ세대는 조직이 직원들의 웰빙(well-being)에 신경 써주기를 바랍니다. 그런데 여기서 말하는 웰빙은 구내식당의 메뉴나 휴양시설 지원과 같은 단순한 복리후생의 개념이 아닙니다. 신체적·정신적 건강과 일·생활의 균형 등 직원들의 삶을 보다 풍요롭게 하는 많은 것을 포함하죠.

특히 어린 자녀가 있는 경우, 이들은 다시 돌아오지 않을 아이의 어린 시절을 함께 보내고 싶은 욕구가 강합니다. 또 육아는 당연히 엄마와 아빠가 함께 해야 한다고 생각합니다. 과거에는 회사에서 장시간 일하는 것이 곧 가정과 자녀를 위하는 일이라고 생각하는 사람이 많았지만, 요즘 이렇게 생각하는 MZ세대는 거의 없습니다. 회사가 직원들의 웰빙을 지원해주어야 한다고 생각하는 이유도 사실 여기에 있습니다. 가족과 시간을 보내기 위해서는 회사의 근무문화나 휴가제도가 뒷받침되어야 한다고 생각하기 때문이죠.

이런 니즈에 따라 MZ세대 비중이 높은 글로벌 IT기업들은 다양한 휴가제도를 갖추고 있습니다. 예를 들어 메타는 자녀가 태어났을 때 남녀 직원 모두 동일하게 4개월까지 부모휴가(parental leave)

를 쓸 수 있습니다. 엄마와 아빠가 동등하게 육아의 책임을 져야 한다고 생각하는 MZ세대의 니즈를 반영한 제도입니다. 그런 관점에서, 휴가의 명칭도 출산과 육아에서 여성의 역할을 강조하는 '모성휴가(maternity leave)'가 아닌 '부모휴가'로 변경했습니다. 이뿐만이 아닙니다. 자녀가 아플 때는 3일까지, 병에 걸린 가족을 간호하고자 할 때는 최대 6주까지 가족돌봄휴가(caregiving leave)를 사용할 수 있습니다.

윤리적이고 사회에 좋은 영향을 미치는 조직

MZ세대는 자신이 소속된 조직이 윤리적이고 사회에 좋은 영향을 미치기를 바랍니다. 과거에는 자신이 몸담은 조직에 문제가 있을 때 이를 밝히고 지적하기보다 감싸고 옹호해야 한다는 인식이 강했습니다. 그것이 조직에 대한 로열티라고 생각했죠.

반면에 MZ세대는 문제가 있다고 여기면 그에 관해 이슈를 제기하고 쓴소리를 하는 것이 더 조직을 위하는 일이라고 생각합니다. 또한 이들은 조직의 구성원이기 이전에 사회의 구성원으로서 자신이 속한 회사를 객관적으로 바라보고 평가하는 경향이 있습니다. 그래서 가끔은 회사에 어떤 이슈가 생겼을 때 외부 사람보다 MZ세대 직원들이 더 강하게 조직을 비난하는 것처럼 보이기도 합니다. 이런 MZ세대에게 '무슨 일이 있어도 회사를 옹호해야 한다'라고 말하기는 어렵습니다.

그런데 MZ세대는 조직이 사회에 끼치는 영향력을 중요하게 생각하기 때문에 회사가 제품이나 서비스를 통해 사회에 긍정적 기여를 하면 이전 세대보다 훨씬 더 조직에 자부심을 갖기도 합니다. 예를 들면 제품이나 서비스의 기능을 디자인할 때 장애인의 사용 편의성을 고려한다든지, 제품을 만드는 과정에서 환경오염 물질 배출을 최소화하는 정책을 시행하는 것 등이 여기에 해당합니다. 즉, MZ세대의 조직 자부심을 높이는 가장 빠른 길은 회사가 법 기준을 준수하여 윤리성을 갖추는 데에서 한발 더 나아가 사회에 좋은 일을 하는 겁니다.

투명하게 정보를 공개하는 개방적인 조직

MZ세대는 직원들에게 투명하게 정보를 공개하는 개방적인 조직을 원합니다. 이들은 어떤 사안이 있을 때 이전 세대보다 조직에 더 많은 팩트와 데이터, 그리고 객관적 근거를 요구합니다. 기성세대가 보기에는 조직을 불신하고 매사 꼬치꼬치 따지는 듯 보일 수도 있지만, 이것은 그들이 조직을 신뢰하지 않아서가 아닙니다. MZ세대는 상대를 신뢰하더라도 검증하려는 성향을 가지고 있습니다. 객관적 근거를 바탕으로 사실 확인을 하고 싶어하는 것이죠.

국내외 다수의 기업들이 직원들과 정기적으로 소통하는 '올핸즈미팅(all-hands meeting)'을 여는 이유도 바로 여기에 있습니다. 경영현황을 직원들과 공유하고 직원들이 궁금해하는 것들에 대해 설명하기 위한 자리를 만드는 것입니다.

그런데 조직이 MZ세대의 질문에 대해 적절한 근거를 제시하지 못하거나 단지 지금까지 그렇게 해왔다는 답변을 내놓는다면 그 조직은 MZ세대의 신뢰를 얻기 어렵습니다. 따라서 조직은 지금까지 관행처럼 해오고 결정했던 사안에 대해서도 다시 한번 세심하게 점검해보는 과정이 필요합니다. 또 그 과정을 직원들과 투명하게 공유하고의견을 나눌 때 MZ세대의 신뢰를 얻을 수 있습니다.

다양성을 인정하고 존중하는 조직

마지막으로, MZ세대는 다양성을 인정하고 직원을 존중하는 조직을원합니다. 세대를 막론하고 존중을 중요하게 생각하지 않은 적은 없지만, 존중은 MZ세대에게 더 각별한 의미가 있습니다.

MZ세대는 자신이 조직의 많은 구성원 중 하나가 아니라 다른 사람과 구분되는 고유의 가치를 지닌 '나'이기를 바랍니다. 그렇기 때문에 상대방도 자신을 그렇게 바라보고 존중해주기를 바라죠.

다양성은 크게 인종, 나이, 성별 등 밖으로 보이는 모습을 기준으로 하는 '표면적 다양성(surface-level diversity)'과 개인의 태도, 가치관, 신념, 지식 등을 기준으로 하는 '내면적 다양성(deep-level diversity)'으로 나뉩니다. 보통 조직이 다양성을 인종과 성별 등 표면적 관점에서 보는 반면, MZ세대는 개인의 개성과 가치관, 경험 등 내면적 관점에서 보다 디테일하게 파악합니다. 그래서 모든 사람은 자신이 가진 고유한 가치를 인정받아야 한다고 생각합니다.

따라서 리더는 직원 개개인을 더욱 세밀하게 이해하고 그들이 기여한 바에 대해 더 자주 감사와 인정을 전달해야 합니다. 이것이 MZ세대를 동기부여하는 가장 좋은 방법입니다.

MZ세대가 바라는 조직의 모습은 직원 개개인에 대한 인정과 존중, 개방적이고 투명한 소통, 그리고 직원들의 웰빙을 지원하며, 사회에 좋은 영향을 미치는 조직이라는 네 가지 키워드로 요약할 수 있습니다. 이 키워드에 비추어 여러분의 조직은 MZ세대가 매력을 느낄 만한 직장인지 돌아보시기 바랍니다.

갤럽의 세대별 조사:
직장에 바라는 것은 무엇인가?

갤럽은 세대별 조사를 통해 각 세대가 직장에 바라는 것이 무엇인지를 도출했습니다. 그 결과 베이비부머부터 Z세대까지 공통적으로 직원 웰빙에 신경 쓰고 윤리적(ethical) 리더십을 갖춘 조직을 1, 2위로 꼽았습니다. 한편 Z세대와 밀레니얼은 3위로 다양성을 포용하는(diverse & inclusive) 조직(Z세대), 개방적이고 투명한(open & transparent) 리더십을 갖춘 조직(밀레니얼)을 원한다고 응답했으나 X세대와 베이비부머는 조직의 재정적 안정(financial stability)을 꼽아 차이를 보였습니다.

	Z세대	밀레니얼	X세대	베이비부머
1	직원 웰빙	직원 웰빙	윤리적 리더십	윤리적 리더십
2	윤리적 리더십	윤리적 리더십	직원 웰빙	직원 웰빙
3	다양성 포용	개방적이고 투명한 리더십	조직의 재정적 안정	조직의 재정적 안정

자료: O'boyle, D. (2021. 3. 30). "4 Things Gen Z and Millennials Expect From Their Workplace". Gallup.

제
4
장

성과를 넘어
문화를 만드는
리더

INTRO

·
·
·
·
·

조직에서 리더십은 성과로 입증됩니다. 하지만 여기서 말하는 성과는
단기적인 재무성과를 의미하는 것만은 아닙니다.
조직이 장기적으로 높은 성과를 내기 위해서는 좋은 조직문화가
기반이 되어야 합니다. 그리고 여기에는 리더의 역할이 매우 중요합니다.
제4장에서는 리더가 좋은 조직문화를 기반으로 성과를 창출하려면
무엇을 해야 하는지 알아보겠습니다.

27

뒤뚱뒤뚱 걷거나,
목표 없이 뛰거나?

: 저성과 조직의 네 가지 유형 연구 :

"행복한 가정은 모두 비슷하지만 불행한 가정은 모두 저마다의 이유
로 불행하다." 톨스토이의 소설 《안나 카레니나》의 첫 문장입니다. 비
단 가정만이 아니라 조직의 모습도 그렇습니다. 성과가 좋은 조직은
공통 요소를 가지고 있는 반면, 성과가 낮은 조직은 그 나름의 이유
로 저성과의 늪에서 빠져나오지 못하는 경우가 많습니다. 그런데 문
제는 그 이유를 정확히 파악하기가 쉽지 않다는 겁니다.

　이는 오래전부터 학자들과 글로벌 컨설팅사의 주요한 연구주제가
되기도 했습니다. 일련의 연구 중 하나로, 컨설팅사 베인 앤드 컴퍼니
(Bain & Company)는 1,200여 개 기업 대상 서베이를 통해 고성과

조직의 특성과 저성과 조직의 네 가지 유형을 연구해 그 결과를 발표한 바 있습니다.[52]

고성과 조직의 여섯 가지 공통점

먼저 베인 앤드 컴퍼니가 도출한 고성과 조직의 공통적 특성은 무엇인지 볼까요? 이 보고서에서는 여섯 가지를 제시하고 있습니다.

첫째, 연계성(aligned)입니다. 고성과 조직은 조직의 목적과 전략, 즉 조직의 지향점과 그곳으로 가는 방법이 잘 짜여 있습니다. 둘째, 역량(capable)입니다. 조직 내의 인력과 프로세스, 기술 등이 모두 경쟁력을 갖추고 있습니다. 셋째, 효과성(effective)입니다. 경영진은 물론 직원들이 각 위치에서 적절하고 효과적인 의사결정을 내립니다. 넷째, 적응력(adaptable)입니다. 변화하는 내·외부 환경을 빠르게 감지하고 적응해나가죠. 다섯째, 효율성(efficient)입니다. 항상 인풋 대비 아웃풋을 생각하고 절차나 프로세스가 복잡해지는 것을 경계합니다. 마지막으로 동기부여(inspired)입니다. 다양한 인력이 조직에 들어오도록 유도하고 이들이 조직과 고객을 위해 최선의 노력을 다하게끔 동기부여합니다.

저성과 조직의 네 가지 유형

이렇게만 된다면 어느 조직이나 훌륭한 고성과 조직이 될 것 같지만, 이론과 현실은 항상 차이가 있게 마련이죠. 연구결과에서도 이 조건을 모두 갖춘 고성과 조직은 약 10%에 불과했습니다. 이제 이 고성과 조직의 여섯 가지 특성에 비추어 저성과 조직의 유형과 개선방안은 무엇인지 알아보겠습니다.

전략에 집중하는 와들러 유형

저성과 조직의 첫 번째 유형은 '전략에 집중하는 와들러(focused waddler)' 유형입니다. 여기서 와들러는 '뒤뚱뒤뚱 걷는 사람'이라는 뜻입니다. 즉, 전략은 잘 짜여 있으나 실행력이 부족해 실제로는 성과를 내지 못하는 조직 유형입니다. 이런 경우에 가장 먼저 살펴야 할 부분은 직원들이 전략을 수행할 만한 역량과 지식을 제대로 갖추고 있는가, 그리고 업무 프로세스가 이를 적절히 지원하고 있는가 하는 겁니다.

예를 들어, 디지털혁신을 통해 핀테크(FinTech) 기업으로 변모하려는 금융회사가 있다고 가정해보겠습니다. 이때 기업은 관련 기술과 인프라를 도입하는 것은 물론 전통적인 방법으로 업무를 처리하던 직원들이 새롭게 바뀐 인프라를 잘 사용해 고객을 응대할 수 있도록 교육을 제공해야 할 겁니다. 하지만 전략만 앞설 뿐 직원들이 그에 뒤따르는 지식이나 역량을 갖추지 못한다면, 또는 업무 프로세스가 이를 제대로 지원해주지 못한다면 실행력은 떨어질 수밖에 없겠죠.

따라서 이런 유형의 저성과 조직에서는 전략을 실행하는 직원들이 필요한 역량을 잘 갖추도록 육성하고, 업무 프로세스도 전략에 맞게 재정비해야 합니다.

목표 없는 러너 유형

두 번째 저성과 조직은 '목표 없는 러너(aimless runner)' 유형입니다. 여기서 직원들은 어디로 가야 하는지 모르는 채 각자 자신의 일만 열심히 수행합니다. 이런 조직에 있는 직원들에게 조직의 목표와 전략이 무엇인지 물어보면 서로 다른 대답을 할 가능성이 매우 높습니다. 전략이 아예 없거나, 있어도 직원들에게 충분히 공유되지 않았기 때문입니다. 하나의 목표 아래 각 부서가 유기적으로 시너지를 내기보다는 각기 다른 방향으로 일을 하거나 갈등을 일으키는 경우도 많습니다.

이를 개선하기 위해 가장 먼저 해야 할 일은 명확하고 일관된 목표 설정입니다. 영업조직을 예로 들면, 시장점유율을 높이는 것이 목표인지, 아니면 매출보다 영업이익을 높이는 것이 목표인지를 확실하게 커뮤니케이션해야 합니다. 상품군이 다양한 기업이라면 조직의 목표를 고려할 때 어떤 상품군에 주력할지도 명확히 제시하는 것이 좋습니다. 이렇게 일관된 목표와 전략을 내놓아야 직원들이 같은 방향으로 힘껏 달릴 수 있습니다.

행복한 조각상 유형

세 번째는 '행복한 조각상(happy statue)' 유형의 조직입니다. 이런 조직에서 직원들은 회사에 대한 만족도는 높으나 성과를 내기 위해 열정적으로 일하지는 않습니다. 여기서 직원들은 변화에 민감하게 대응하거나 빠르게 중요한 의사결정을 내리기보다 현실에 안주하는 경향을 보입니다.

이를 개선하려면 현재 조직이 처한 상황과 빠르게 변하고 있는 시장 상황을 객관적으로 보여주며 위기의식을 조성할 필요가 있습니다. 현재 상태를 유지할 경우 미래에 우리 조직이 어떤 모습이 될지를 제시해 보이는 것도 도움이 됩니다. 이를 통해 '일하기 편안한 조직'이 아니라 보다 성과중심적 조직으로 변모시키는 노력을 해나가야 합니다.

총체적 난국 유형

마지막 네 번째 유형은 '총체적 난국(stuck in a shambles)'에 빠진 조직입니다. 이 조직은 고성과 조직의 특징 중 어느 하나도 가지고 있지 않아 그야말로 깊은 수렁에 빠져 있다고 할 수 있습니다.

이런 조직은 어떤 것 하나를 변화시킨다고 해서 성과를 높이기가 쉽지 않습니다. 직원들이 번아웃에 빠져 있고 뚜렷한 목표나 전략도 없습니다. 조직 내의 프로세스가 복잡하고 비효율적이며, 직원들 간의 역량 차이도 매우 큽니다. 이럴 때 리더는 여러 문제점을 관통하는 근본원인(root cause)을 모색하고, 제로베이스 상태에서 턴어라운드 전략을 수립해야 합니다.

근본원인 분석에는 5Why 기법을 활용할 수 있습니다. 5Why 기법은 하나의 문제에 대해 '왜'라는 질문을 다섯 번 이상 계속해나가며 그 근본원인을 찾는 방법입니다. 이렇게 질문을 거듭하다 보면 과중한 업무량 때문이라고 생각했던 직원들의 번아웃 문제가 보다 근본적으로는 비효율적인 업무 시스템이나 관리자의 리더십 때문인 것으로 밝혀지기도 합니다. 이때 리더가 해야 할 일은 5Why 기법으로 도출된 근본원인을 강한 의지를 가지고 혁신하는 것입니다.

조직성과에는 많은 요인이 영향을 미치므로 내부 요인이 아닌 환경이나 경쟁 구도의 변화 등 외부 요인으로 인해 어려움을 겪을 수도 있습니다. 하지만 외부 요인에 큰 변화가 없는데 조직성과가 떨어지고 있다면, 현재 우리 조직이 앞서 정리해본 네 가지 저성과 조직의 유형 중 어느 하나에 점점 가까이 다가가고 있는 것은 아닌지 점검하고 재정비할 필요가 있습니다. 정확한 원인 파악이 선행되어야 앞으로 어디를 향해 갈지 그 방향도 제대로 설정할 수 있을 것입니다.

문제의 근본원인을 밝히는 분석법

문제의 근본적인 원인을 분석하는 5단계 프로세스는 다음과 같습니다.

1단계: 문제 정의

∴ 지금 무슨 일이 일어나고 있는가?

∴ 구체적 현상은 무엇인가?

2단계: 데이터 수집

∴ 문제가 있다는 것을 증명할 근거는 무엇인가?

∴ 그 문제가 어떤 영향을 미치고 있는가?

3단계: 원인 요소를 가능한 한 많이 밝히기

∴ 문제가 어떤 조건에서 발생하고 있는가?

∴ 핵심적 문제 주변에 다른 어떤 문제들이 있는가?

4단계: 근본원인 밝히기

∴ 다양한 원인 요소들 간에 어떤 관계가 있는가?

∴ 그 문제를 일으키는 진짜 원인은 무엇인가?

5단계: 해결책 제안과 실행

∴ 그 문제가 다시 발생하지 않으려면 무엇을 해야 하는가?

∴ 누가 담당하여 어떻게 해결책을 실행할 것인가?

자료: "Tracing a Problem to Its Origins". 〈https://www.mindtools.com/〉.

성과를 내는 리더십에는 이유가 있다

: MS가 분석한
성공하는 팀의 다섯 가지 조건 :

과거에는 한 명의 천재가 조직을 먹여 살린다는 천재론이 힘을 얻고는 했지만 최근에는 팀보다 뛰어난 개인은 없다는 말이 더욱 설득력을 얻고 있습니다. 환경의 변화 속도가 빨라지고 복잡성과 불확실성이 높아지면서 개인이 혼자 해결할 수 있는 범위를 넘어서는 일들이 많아지고 있기 때문이죠. 리더 입장에서 보면, 팀을 어떻게 이끌어가느냐가 그만큼 중요해진 것이라고 할 수 있습니다.

실제로 글로벌 기업들은 팀 단위 성과를 높이기 위해 많은 노력을 기울입니다. 예를 들어, 사티아 나델라(Satya Nadella) 부임 이후 그 어느 때보다 팀워크를 강조하고 있는 마이크로소프트(MS)는 다양한 팀을 연구하여 성공하는 팀의 다섯 가지 특성을 도출한 바 있습니다.[53] 이 다섯 가지 특성을 기반으로 팀을 효과적으로 이끄는 리더십에 대해 살펴보겠습니다.

팀의 목적

첫째, 성공하는 팀에는 팀 고유의 목적(team purpose)이 있습니다. 이때 목적은 팀의 존재 이유이자 방향성이라 할 수 있습니다. 팀의 목적이 중요한 것은 팀원들이 의사결정을 하는 데 이 목적이 기반이 되기 때문입니다. 예를 들어 한 인사부서가 '직원들의 행복'을 팀의 목적으로 설정했다면 이것이 이 팀에서 이루어지는 모든 의사결정의 기준이 되는 것이죠. 이 부서는 인사제도를 변경할 때나 새로운 복리후생제도를 도입할 때 이것이 직원들의 행복을 높이는 것이 맞는지 점검하게 될 겁니다.

여기서 중요하게 기억해야 할 것이 하나 있습니다. 목적은 팀이 추구하는 바의 의미이지 수치가 아니라는 점입니다. 즉, 업계 1등이 된다거나 점수를 몇 점까지 높인다는 '수치' 목표는 목적이 될 수 없습니다. 물론 수치 목표는 우리가 달성하고자 하는 목적에 얼마나 가까이 왔는지 가늠하는 잣대로 활용할 수 있습니다. 그러나 수치 목표 자체가 마치 목적인 양 착각해서는 안 됩니다. 좋은 목적은 그 의미 때문에 직원들의 가슴을 설레게 하지만 수치 목표는 대부분 그렇지 않습니다.

좋은 목적에는 반드시 두 가지 정의가 포함되어야 합니다. 즉 '누구를 위해 일하는가?'와 '그들에게 미치는 영향력이 무엇인가?'에 대한 명확한 정의가 있어야 합니다. "우리 팀은 (누구)를 위해, (무엇)을 하기 위해 존재한다[we exist to create (this) impact for (intended audience)]"라는 문장을 채울 수 있다면 그것이 바로 리더 여러분이 이끌고 있는 팀의 목적이 될 것입니다.

그런데 팀의 목적은 리더 혼자 만들어서는 안 됩니다. 팀의 목적을 실현해나가는 주체는 바로 팀원들이기 때문에 함께 의견을 나누며 합의를 통해 만들어진 목적이라야 그들의 마음을 설레게 하고 열정을 불러일으킬 수 있습니다.

집단 정체성

둘째, 성공하는 팀에는 집단 정체성(collective identity)이 있습니다. 집단 정체성은 팀원들에게 소속감을 부여하고 응집력을 갖게 한다는 점에서 매우 중요한 요소입니다. 정체성은 그 팀의 구성원이기 때문에 공유하는 고유의 특성이라고 할 수 있는데 이는 주로 가치와 규범을 통해 드러납니다. 즉, '우리 팀에서는 이런 걸 중요하게 생각해',

'우리 팀에서는 이럴 때 이렇게 행동해'라는 기준을 팀원 모두가 가지고 있는 것이죠.

팀의 가치로 협력을 중요하게 생각하는 팀에서는 문제가 발생했을 때 팀원들이 합심해서 이를 해결하기 위해 노력할 겁니다. 또 동료애를 중요하게 생각하는 팀은 동료가 개인적인 일로 어려움에 처했을 때 도움을 주기 위해 노력하겠죠. 이렇게 팀의 가치는 직원들에게 정체성을 부여하고 하나로 묶어내는 힘을 가지고 있습니다.

정해진 의례나 의식(ritual) 등 상징적 행동을 통해 팀의 가치를 강화할 수도 있습니다. 예를 들어 안전을 중요한 가치로 생각하는 팀이라면 회의를 시작하기 전 참석자들에게 비상구의 위치를 한 번씩 상기시킴으로써 안전이라는 가치를 공고히 할 수 있습니다.

인식과 포용

|

셋째, 성공하는 팀에는 인식과 포용(awareness & inclusion)이 있습니다. 인식과 포용은 자기 자신을 제대로 인식하고 다른 사람을 이해하며 포용하는 관계를 형성하는 것을 말합니다. 이는 팀 내에서 관계를 형성하는 데 매우 중요한 요소입니다. 인식은 크게 세 가지로 구성됩니다.

먼저 자기인식(self-awareness)입니다. 자기인식은 지금 내가 느끼는 감정이 무엇인지, 화가 나는지 아니면 슬픈지, 그리고 왜 이런 감정을 느끼는지를 스스로 파악하는 것입니다. 나 자신을 제대로 인식하지 못하면 다른 사람과 좋은 관계를 맺을 수 없기 때문에 자기인식은 좋은 관계를 맺는 전제조건이라 할 수 있습니다.

두 번째는 동료 간 상호인식(co-awareness)입니다. 상호인식이란 나의 행동이 상대방에게 어떤 영향을 미치는지를 스스로 인식하는 것입니다. 상호인식이 높은 사람은 공감능력이 높습니다. 그래서 이들은 다른 사람의 의견을 경청하고 역지사지(易地思之)로 다른 사람의 입장에서 생각할 줄 압니다.

마지막으로 상황인식(situational awareness)입니다. 상황인식이란 어떤 일이 일어났을 때 단편적인 사건이 아니라 전체적인 맥락을 이해하는 것을 말합니다. 상황인식을 잘하는 사람은 지엽적인 부분에 초점을 맞추어 상황을 왜곡시키지 않고 전체적 관점에서 상황을 바라보려고 노력합니다.

팀 내의 각 구성원이 이렇게 자기인식, 동료 간 상호인식, 상황인식 능력을 잘 갖추고 있을 때 사람들 사이에 이해의 폭이 넓어져 포용적 조직문화를 만들 수 있습니다.

신뢰

넷째, 성공하는 팀에는 신뢰(trust)가 있습니다. 여기서 말하는 신뢰란 다른 팀원들에게 자신의 취약한 부분을 드러내도 공격이나 비난을 받지 않고 안전하다고 믿는 것입니다. 그래서 신뢰가 높은 팀에서는 개개인이 자신을 포장하거나 모르는 것을 아는 척하지 않고 있는 그 대로를 드러냅니다.

팀 내에 신뢰가 형성되어 있을 때 좋은 점은 팀원들이 비판에 대한 두려움 없이 자신의 의견이나 아이디어를 말할 수 있다는 것입니다. 혹시 설익은 아이디어를 내더라도 그걸로 팀원들이 나를 판단하거나 폄하하지 않는다고 믿기에 방어적이 될 필요도 없습니다. 그 결과 팀원들은 소모적인 부분에 에너지를 낭비하는 대신 그 에너지를 업무에 쏟아 성과를 만들어냅니다.

건설적 긴장감

마지막으로, 성공하는 팀에는 건설적 긴장감(constructive tension)이 있습니다. 긴장감이라고 하면 보통 부정적이고 피하고 싶은 것으로 여깁니다. 하지만 여기서 말하는 건설적 긴장감이란 다양한 의견이 부딪치며 만들어내는 생산적 자극을 의미합니다. 공격이나 비판에 대한 두려움과는 완전히 다른 자극이죠.

팀 안에서 건설적 긴장감을 조성하는 것은 신체 건강을 유지하기 위해 근육을 단련하고 팽팽하게 만드는 것과 같습니다. 토론할 때 건설적 긴장감이 있으면 '이 정도면 됐다'라는 식의 결론이 아니라 더 좋은 방안을 찾기 위해 모두가 치열하게 고민하게 됩니다. 집단사고에 빠지거나 한두 사람의 의견에 동조해 결론을 내리는 것이 아니라 다양한 관점이 때로는 결합하고 때로는 부딪치며 생각지도 못한 아이디어를 탄생시키게 되죠. 이런 과정을 거치면 결국 혼자서는 도달하지 못했던 곳에 도달하게 되고 더 좋은 해답을 찾아내게 됩니다.

성공하는 팀의 다섯 가지 특성을 다시 정리해보면, ①'팀의 목적'은 팀이 가고자 하는 방향, ②'집단 정체성'은 팀이 중시하는 가치, ③'인식과 포용'은 팀원들의 상호 이해, ④'신뢰'는 취약한 부분을 드러내도 비난받지 않을 것이라는 믿음, ⑤'건설적 긴장감'은 팀원 간의 생산적 자극을 말한다고 할 수 있습니다.

여러분의 팀은 어떤가요? 성공의 조건을 모두 갖추고 있는지 이 5개의 거울에 한번 비추어보시기 바랍니다.

우리 팀의 성공 조건 분석하기

여러분의 팀은 '성공하는 팀의 다섯 가지 특성'을 가지고 있나요? 만약 부족한 부분이 있다면 팀원들과 함께 개선방안을 토론해보세요.

1. 팀의 목적: 팀의 존재 이유나 방향성을 명확히 설정해놓고 있는가?
2. 집단 정체성: 팀원들에게 소속감을 부여하고 응집력을 갖게 하는 가치나 규범이 있는가?
3. 인식과 포용: 팀원들이 자기 자신을 제대로 인식하고 다른 팀원들을 이해하며 포용하는 관계를 맺고 있는가?
4. 신뢰: 팀 내에서 자신의 취약성을 드러내도 팀원들이 공격하거나 비난하지 않는다는 신뢰가 형성되어 있는가?
5. 건설적 긴장감: 팀 내에서 다양한 의견이 부딪치며 만들어내는 생산적 자극이 있는가?

☑ 의견 및 개선 방안

29

직원 존중,
품격 있는 리더십의 기반

: 리더의 세 가지 존중법 :

언제부터인가 우리는 '갑질'이라는 용어를 자주 듣게 됩니다. 권력관계에서 위에 있거나 더 강자인 사람이 약자인 을에게 하는 무례한 행위를 주로 '갑질'이라고 표현합니다. 이 말이 흔해졌다는 것은 사람에 대한 존중이 이제는 그만큼 민감하고 중요한 가치가 되었다는 반증이기도 합니다.

직장에서도 마찬가지입니다. 특히 어린 시절부터 가정에서 존중과 인정을 받으며 자라온 MZ세대가 직장에 들어오면서 이러한 경향은 더욱 강해졌습니다. 그렇다면 그들이 생각하는 존중은 무엇이고, 리더는 직원들에 대한 존중을 어떻게 표현할 수 있을까요?

　　　　　　　　　　　제4장 • 성과를 넘어 문화를 만드는 리더

나이와 직급에 무관한 '인격 존중'

존중의 기본은 개인의 인격에 대한 존중입니다. MZ세대 직원에게 언제 존중받지 못한다고 느끼는지 물어보면, '상사나 선배가 어리다는 이유로 무례한 언행을 할 때'라는 대답이 가장 먼저 나옵니다. 모든 사람은 독립적 인격체이며 그 사실 하나만으로도 충분히 존중받을 자격이 있습니다. 그러나 유독 직장에서는 연공서열에 따라 기본적 예의의 개념도 달라지는 것 같습니다.

MZ세대 직원들이 말하는 대표적 사례는 자신을 잘 알지 못하는 사람이 직장 선배라는 이유만으로 무례한 언행을 할 때입니다. 자신보다 어린 직원과 통화를 할 때 잘 알지 못하는 사람인데도 반말을 한다든지, 부탁을 해야 하는 상황인데도 명령조로 이야기한다든지, 실수에 대해 공개적으로 비난할 때 MZ세대 직원들은 존중받지 못한다고 느낍니다. 이 점은 직속 상사라고 해도 예외가 아닙니다. 나이와 직급에 관계없이 상대방에 대한 기본 예의와 매너를 지키는 것이 바로 품격 있는 리더의 자세입니다.

리더가 직원들을 존중해야 하는 이유는 또 있습니다. 한 연구에 따르면 조직에서 무례함을 경험한 직원의 66%는 업무성과가 떨어졌고 78%는 조직에 대한 애착이 감소했으며 48%는 업무에 투입하는 노력을 일부러 줄인 것으로 나타났습니다.[54] 이렇듯 무례함은 직원 개인의 자존감을 훼손할 뿐 아니라 조직성과에도 부정적인 영향을 끼칩니다. 따라서 리더는 스스로 직원들을 존중할 뿐 아니라 직원들 또한 서로 존중하도록 가르칠 책임이 있습니다.

적당한 거리를 지키는 '사생활 존중'

많은 리더가 MZ세대 직원들은 사생활에 대해 물어보는 것을 정말로 싫어하는지 궁금해합니다. 개인차가 있기는 하지만 MZ세대의 의견을 종합하면 주말에 한 일이나 휴가 계획 등 개인 생활에 대한 일반적 질문 자체에 대해 거부감을 느끼는 직원은 별로 없었습니다. 문제는 그다음이었습니다. 이런 얘기를 하다 보면 상사가 너무 꼬치꼬치 캐묻거나 개인적인 문제에 대해 평가와 간섭을 할 때가 있다는 겁니다. 예를 들어, 이성 친구가 있냐고 물어보는 것까지는 괜찮은데 나이 차이는 몇 살인지, 지금 어떤 일을 하는지, 결혼은 할 생각인지 등 너무 자세한 질문까지 이어지면 대답하기가 곤란해진다고 합니다. 더군다나 '나이 차이가 너무 많이 난다'라거나 '누가 아깝다'라거나 하는 말을 아무렇지 않게 할 때는 사생활을 존중받지 못한다고 느끼게 됩니다.

이런 사례도 있습니다. 직원이 결혼을 앞두고 핸드폰에 모아둔 사진 중 청첩장에 올릴 사진을 고르고 있었습니다. 그때 평소 가깝게 지내는 선배가 "뭐 하냐"라고 물으며 다가왔습니다. 이 직원은 청첩장

사진을 고른다고 대답하고는 핸드폰을 내밀며 자신이 고른 사진을 보여줬습니다. 그랬더니 그 선배가 갑자기 핸드폰을 빼앗듯이 가져가서 사진을 자기 마음대로 넘겨보더니 사진 한 장을 골랐고, "꼭 이걸 청첩장에 넣어라" 하고는 가버렸습니다. 이 직원은 당황스러웠고 불쾌했지만 이를 표현할 수는 없었다고 합니다.

사생활 존중에서 리더가 알아야 할 것은 '적당한 거리(proper distance)'를 지키는 일입니다. 이 적당한 거리는 개인에 따라 다 다릅니다. 중요한 것은 나와 남이 생각하는 적당한 거리가 다를 때는 내가 생각하던 것보다 더 긴 거리를 지켜줘야 한다는 것입니다. 밀레니얼 직원들이 생각하는 적당한 거리는 일반적으로 기성세대보다 조금 더 멉니다. 일상적인 생활과 관련된 이야기라면 가볍게 물어보며 대화를 나눌 수 있지만 평가나 간섭은 금물입니다. 이것이 바로 리더가 적정한 거리를 지켜주고 사생활을 존중하는 방법입니다.

물어보고 귀 기울이는 '의견 존중'

MZ세대 직원들은 자신의 의견을 물어보고 귀 기울여 들어줄 때 존중받는다고 느낍니다. 그러나 아직도 많은 조직에서 MZ세대 직원이 의견을 내면 '잘 모르고 하는 얘기'라고 여기거나 '설익은 의견'으로 치부하는 경우가 많습니다. MZ세대 직원들 입장에서 한두 번 이런 경험을 하다 보면 결국 입을 닫게 됩니다.

아이러니한 것은 기성세대에게 MZ세대의 강점을 물어보면 대부분 '창의적이고 새로운 아이디어가 많다', '생각이 유연하다'와 같은 답변이 나온다는 겁니다. 그럼에도 불구하고 정작 현실에서 이들의 "창의적이고 새로운" 의견은 제대로 빛을 보지 못하는 경우가 많습니다.

한 사람의 의견은 단순한 말이 아니라 그 사람의 생각과 지식과 마음을 담은 그릇입니다. 투박하고 거칠다는 이유로 단번에 깨버릴 것이 아니라 경험과 노하우를 보태서 윤기 나게 닦아주는 것이 바로 리더가 해야 할 일입니다. 또 새롭고 창의적인 아이디어는 태생적으로 낯설어 보일 수밖에 없다는 점도 명심해야 합니다. 직원들의 의견을 귀담아듣고 이를 발전시키려면 낯선 것에서 가능성을 찾아내는 지혜가 필요합니다.

존중은 사람을 대하는 기본이자 리더십의 바탕이기도 합니다. 직원들을 진심으로 존중하는 마음이 기반이 될 때 그 위에 세워진 리더십도 탄탄해져 긍정적 영향력을 발휘할 수 있을 겁니다.

상호 존중의 문화 만드는 법

'존중'은 탄탄한 리더십과 건강한 조직문화의 기반입니다. 직장에서 상호 존중의 문화를 만들기 위해 리더는 다음과 같은 노력을 기울여야 합니다.

1. 조직이 추구하는 가치와 직원들에게 기대하는 바를 명확히 설명하라

  : 직원들이 조직에 들어올 때 초기 세팅이 중요

2. 상호 존중을 표현하는 관행을 만들어라

  : 직급에 관계없이 먼저 인사하기 등

3. 직원들에게 존중을 표현하는 스킬을 가르쳐라

  : 상대방의 의견을 경청하는 방법, 매너 있게 피드백하는 방법 등

4. 리더가 롤모델이 되어 표준을 제시하라

  : 리더가 먼저 존중의 언행을 보이는 것이 중요

자료: Porath, C. (2018. 1. 2). "Make Civility the Norm on Your Team". *Harvard Business Review*.

30

썩은 사과는 미리 도려내라

: 조직을 망치는 관행 타개하기 :

웰스파고(Wells Fargo & Company)는 예금과 대출을 기준으로 미국에서 두 번째로 큰 은행입니다. 그런데 이렇게 큰 은행에서 상상도 할수 없는 일이 벌어졌죠. 고객이 신청하지도 않은 은행 계좌를 만들고 심지어 신용카드까지 발급했던 겁니다. 그 규모가 은행 계좌는 약 350만 개, 신용카드는 약 56만 개에 달했습니다. 고객은 자신도 모르게 발급된 신용카드 때문에 신용등급이 떨어지거나 수수료를 지불하기도 했습니다. 이른바 2016년에 밝혀진 웰스파고 유령계좌 스캔들입니다.

결국 웰스파고는 피해를 입은 고객에게 모두 1억 4,000만 달러의

배상금을 지불하게 됐습니다. 이 사건으로 5,300명의 직원이 회사를 떠났고 CEO 존 스텀프(John Stumpf)도 사임했습니다. 그런데 더 놀라운 것은 직원들의 부정행위가 2002년부터 2016년까지 무려 14년이나 지속됐다는 사실입니다. 그 어느 곳보다 신용이 중요한 은행에서 어떻게 이렇게 오래도록 비상식적인 일이 일어날 수 있었을까요?[55]

평가보상제도가 부정행위를 유도했다?

웰스파고 직원들이 부정행위를 저지르게 된 첫 번째 원인으로 지목된 것은 평가보상제도였습니다. 웰스파고의 중요한 평가 기준 중 하나는 교차판매 실적, 즉 '한 고객에게 얼마나 많은 종류의 상품을 판매하느냐'였습니다. 이 때문에 직원들은 신규 고객을 유치하고자 노력하기보다 이미 은행과 거래하고 있는 기존 고객에게 더 많은 종류의 상품을 팔려고 했습니다. 대출을 받는 고객에게 카드를 만들도록 권유하고, 은행 계좌를 만드는 고객에게 보험 가입을 권유했던 것이죠.

보통 은행이 고객 한 명에게 판매하는 상품의 개수는 평균 2.7개라고 합니다. 그런데 웰스파고의 실적은 평균 6.1개에 달했습니다. 그만큼 많은 직원이 고객이 신청하지 않은 은행 계좌를 만들고 신용카드를 발급한 것이었죠. 직원들은 교차판매 실적을 채워 더 좋은 평가와 경제적 보상을 얻기 위해 부정행위를 저질렀습니다.

조직의 평가보상제도를 어떻게 설계하느냐 하는 문제는 이처럼 매우 중요합니다. 그 제도가 조직에서 구성원들의 어떤 행동을 보상해주는지를 보여주는 기준이 되기 때문입니다.[56]

수천 명이 10년 넘게 부정행위를 저지른 까닭

그런데 아무리 좋은 평가를 받기 위함이었다 해도 어떻게 한두 명도 아닌 5,000명이 넘는 사람이, 그것도 10년 넘게 이런 일을 했을까요? 관점을 조금 바꿔서 살펴보겠습니다.

듀크대학교 교수 댄 애리얼리는 금전적 이득을 목적으로 삼는 일부 범죄자를 제외하고, 사람들이 비단 경제적 이익 때문에 부정행위를 저지르는 것은 아니라고 말했습니다. 그는 사람들이 큰 보상을 얻기 위해서라기보다, 일반적으로 용인되는 수준의 작은 부정행위를 저지르는 경우가 의외로 많다고 주장했습니다. 이를 입증하기 위해 그가 한 실험이 있는데, '냉장고 콜라' 실험입니다.

그는 한 대학 기숙사에 몰래 들어가 공동으로 사용하는 냉장고 중 절반에는 6개짜리 콜라 한 팩을, 나머지 절반에는 1달러짜리 지폐 6장을 넣어두었습니다. 그리고 학생들이 어떻게 행동하는지 지켜봤습니다. 과연 냉장고 속 콜라와 지폐에는 어떤 일이 벌어졌을까요? 며칠 동안 관찰한 결과 냉장고 안에 들어 있던 콜라는 3일 만에 다 없어진 반면 학생 누구도 지폐에는 손을 대지 않았습니다.[57]

애리얼리 교수는 공동으로 사용하는 기숙사 냉장고에서 콜라 정도는 가져가도 되는 '용인되는 수준'으로 여겨져서 학생들이 다른 사람의 콜라를 가져가는 부정행위를 저질렀다고 해석했습니다. 반면 다른 사람의 돈(지폐)을 가져가는 것은 '용인되는 수준을 넘어서는 도둑질'이라고 생각하기 때문에 아무도 1달러짜리 지폐에는 손을 대지 않았다는 것입니다. 콜라 하나의 가격과 1달러 지폐의 가치가 거의 비슷함에도 불구하고 말이죠.

상자 안의 사과가 모두 조금씩 썩어버리기 전에

다시 조직 이야기로 돌아오겠습니다. 조직에서 바람직하지는 않지만 많은 구성원으로부터 '그 정도는 해도 돼'라고 용인되는 수준, 이것을 우리는 '관행'이라고 부릅니다.

관행은 나만의 기준으로 정하는 것이 아니라 조직에서 많은 사람이 동의하는 수준으로 정해집니다. 또 나만의 잘못이 아니라 가까이 있는 사람들이 다 같이 저지르며 묵인하고 있다는 점에서 혼자 부정행위를 할 때보다 심리적으로 안전하다고 느낍니다. 이러한 요소들이 결합되면서 웰스파고는 무려 5,000명 넘는 직원이 고객 동의 없이 유령계좌를 만들기에 이른 것입니다. 이렇게 많은 사람이 잘못된 관행에 동조하다 보면 이 관행이 자리 잡은 것을 나중에 알게 되더라도 뿌리 뽑기가 쉽지 않습니다. 실제로 웰스파고의 경영진은 이런 일이 벌어지고 있다는 것을 스캔들이 세간에 알려지기 3~4년 전에 이미 알았음에도 불구하고 아무런 조치를 취하지 않았습니다.

한두 개의 썩은 사과는 그것만 버리면 됩니다. 하지만 모두 조금씩 곪아버린 사과는 한 박스를 다 내버릴 수밖에 없습니다. 그러려면 큰 결단이 필요하겠죠. 기업의 이미지 실추나 고객의 이탈, 피해보상 등 파급효과를 감당하고 책임지는 용기가 있어야 할 겁니다. 웰스파고 경영진은 이를 묵인하다가 그로부터 4년 후 이 일이 외부에서 먼저 들통이 나자 결국 인정할 수밖에 없었습니다. 결단을 내리지 못하고 시간을 끌다가 더 치명적인 타격을 입게 된 거죠.

여러분의 조직에는 현재 어떤 관행이 자리 잡고 있습니까? 웰스파고처럼 꼭 부정행위를 야기하는 것은 아니라 하더라도 직원들의 도덕성을 둔감하게 만드는 관행이 뿌리내리고 있지는 않은지, 그리고 리더들이 이를 알면서도 묵인하고 있지는 않은지 점검해봐야겠습니다.

제4장 • 성과를 넘어 문화를 만드는 리더

사람들이 작은 부정행위를 저지르는 이유

행동경제학자 댄 애리얼리 교수는 보통 사람들이 소소한 부정행위를 하는 심리적 원인을 파헤쳤습니다. 그는 사람들이 멋진 사람으로 보이고 싶은 욕구와 부정행위로 이득을 얻고 싶어하는, 상반된 욕구를 동시에 가지고 있으며 이 둘 사이에서 줄타기를 한다고 말했습니다.

이 때문에 사람들은 죄책감을 느끼게 하는 큰 부정행위는 하지 않지만 일반적으로 용인되는 수준의 부정행위는 저지르기도 한다고 분석했습니다. 자신에 대한 긍정적 이미지를 유지하면서 개인적 이득도 함께 취하고 있는 것이죠.

애리얼리 교수는 부정행위의 전염성에도 주의를 기울여야 한다고 지적했습니다. 자신이 속한 조직의 구성원들이 사회규범을 넘어서는 행동을 할 때 사람들은 자신의 도덕성 범주를 수정한다는 겁니다. 즉, 조직에서 많은 사람이 작은 부정행위를 하면 조직 전체가 거기에 휩쓸릴 가능성이 높아집니다.

자료: 댄 애리얼리 (2012). 《거짓말하는 착한 사람들》. 이경식 역. 청림출판.

일과 생활, '균형'에서 '조화'로

: 워라밸 다시 보기 :

주 52시간 근무제와 함께 이제는 일상용어가 된 '워라밸'. 하지만 아직도 직장에서는 워라밸을 둘러싸고 리더와 직원 사이에 이해가 상충하고는 합니다. 직원들은 워라밸 확보가 당연한 권리라고 생각하는 반면, 리더는 직원들의 근무시간이 줄어들면서 팀의 성과가 떨어지지 않을까 우려하는 것이죠. 이는 때때로 퇴근시간을 둘러싼 갈등으로 번지기도 합니다. 과연 우리는 워라밸에 대해 정확히 알고 있는 걸까요?

워라밸에 적절한 균형점이 있을까?

먼저 워라밸, 즉 '일과 생활의 균형'이라는 말에서 '균형'의 의미에 대해 생각해볼 필요가 있습니다.

'워라밸'이 사회 전반에서 과도하게 강조되고 있다고 생각하는 리더들은 가끔 이런 푸념을 합니다. '과거에는 지금보다 훨씬 근무시간이 길어도 큰 불만이 없었는데, 지금은 일찍 퇴근하고 개인 시간을 충분히 가지면서도 항상 워라밸을 외친다. 도대체 어디까지가 적절한 워라밸인지 모르겠다'라는 것이죠.

그러나 결론부터 말하면 워라밸에 대한 만족도는 개인의 주관적 인식이기 때문에 이를 결정하는 절대적 균형점은 없습니다. 사람마다 일과 개인 생활에 어느 정도의 가치를 두는지, 그리고 가족관계와 취미생활의 형태에 따라 균형점은 달라질 수 있습니다.

그럼에도 불구하고, 하나의 경향성은 있습니다. 대체로 젊은 직원일수록 일보다 개인 생활이 자신의 삶에 더 의미 있는 영향을 미친다고 생각합니다. '일과 개인 생활 중 나의 삶을 가치 있게 만드는 것을 굳이 선택한다면?'이라는 설문에서 개인 생활을 선택한 비율을 보면, MZ세대가 80%, 기성세대가 54%로 큰 차이를 보였습니다.[58]

과거 기성세대의 일과 생활은 매우 단순했습니다. 하루의 대부분을 직장에서 보내고 개인 생활은 주로 가정에서 휴식을 취하는 것이었죠. 지금도 대다수는 크게 다르지 않을 겁니다. 반면, 젊은 직원들은 자기계발에 힘쓰거나 다양한 취미활동을 즐기고 자녀와 더 많은 시간을 보내고 싶어합니다. 맞벌이 가정이 늘면서 자녀를 돌봐주는 부모님과 평일에 외식을 한다든지 여행을 간다든지 하는 일도 많아졌죠.

이렇게 생활패턴이 달라지다 보니 기성세대는 젊은 직원들을 보며 학원에, 취미에, 가정일까지 개인적인 일이 너무 많아 업무에 제대로 몰입할 수 있겠느냐고 우려하고, 젊은 직원들은 개인 생활이 단순한 기성세대를 보며 참 재미없게 사는 것 같다고 합니다. 하지만 이건 모두 자신의 기준으로 다른 사람의 워라밸을 평가하기 때문에 벌어지는 일입니다.

중요한 것은 모든 사람이 저마다 자신만의 균형점이 있고 이를 기준으로 일과 개인 생활의 비중을 잘 조절하면서 삶의 전체적인 행복도를 높여나간다는 점입니다. 따라서 자신의 관점을 강요하거나 자신의 기준으로 다른 사람의 워라밸을 판단해서는 안 됩니다.

일과 개인 생활은 트레이드오프 관계일까?

두 번째로 '일과 생활의 균형'에서 '균형'이라는 단어는 일과 개인 생활을 이분법적으로 보이도록 하는 오류를 일으킵니다. 즉, 일을 할 때는 개인 생활을 희생하고, 개인 생활을 할 때는 일을 희생해야 한다는 식으로, 말하자면 이를 트레이드오프(trade-off, 상충관계)로 보이게 한다는 것이죠.

유사한 관점에서 학자들도 이 '균형'이라는 용어가 일과 개인 생활의 관계를 왜곡한다고 주장합니다. 그들은 일과 개인 생활의 관계는 이분법적 트레이드오프 관계가 아니라 오히려 보완관계에 가깝다고 설명합니다. 실제로 개인 생활에서 만족을 느끼면 스트레스가 감소하고 업무에도 더 몰입할 수 있다는 연구결과들이 이를 입증해줍니다. 이를 일과 생활이 서로 밀접하게 영향을 미친다는 의미에서 '일과 생활의 스필오버(work-life spillover)'라고 부릅니다.[59]

이런 관점에서 학자들은 '일과 생활의 균형(work-life balance)' 대신 '일과 생활의 통합(work-life integration)'이라는 용어를 사용하자고 제안합니다. 일과 생활을 이분법이 아닌 통합적 관점에서 보자는 의미죠. 이는 학자들만의 주장이 아닙니다. 아마존의 창업자 제프 베이조스도 'work-life balance'는 틀린 말이고, 일과 생활이 조화를 이루면 양쪽에서 모두 상승효과가 생기기 때문에 'work-life harmony'가 맞는 말이라고 얘기한 바 있습니다.

우리 모두 일상에서 일과 개인 생활을 영위하지만 이 둘은 무 자르듯 단절적 관계가 아닙니다. 서로 영향을 주고받는 통합적 관계라고 보는 것이 더 적절합니다. 따라서 어느 쪽에 더 많은 시간을 투입하느냐 하는 양적 관점에 매몰될 것이 아니라 질적 조화를 모색해야 합니다.

워라밸은 개인의 관리 영역일까?

마지막으로 살펴볼 사항은 워라밸의 관리 주체에 대한 것입니다. 흔히 '워라밸'이라 하면 개인 생활을 포함하기 때문에 개인의 관리 영역인 것으로 보기 쉽습니다. 그러나 앞서 일과 생활의 스필오버(work-life spillover)에 대해 언급한 것처럼 워라밸은 개인의 만족을 넘어 직장에서의 업무 몰입과 생산성에도 영향을 미칩니다. 그러므로 기업이 직원들의 워라밸을 지원하는 것은 직원의 만족도를 높이는 동시에 조직의 생산성을 높이는 전략이 될 수 있습니다.

최근 글로벌 기업들이 특히 신경 쓰는 부분은 직원들이 개인 생활을 즐길 때 그 안에서 완전한 행복감을 느끼도록 돕는 것입니다. 이를 위한 방법 중 하나로 직원들이 평일 저녁이나 휴가 기간 동안 회사에서 오는 이메일을 받지 않도록 업무용 이메일 기능을 아예 차단하는 기업들도 있습니다.

독일의 자동차회사 포르쉐(Porsche)는 저녁 7시부터 새벽 6시까지 발신되는 이메일은 수신자에게 전달되지 않고 발신자에게 자동으로 되돌아가도록 하는 시스템을 만들었습니다. 프랑스는 여기서 더 진화한 정책을 내놓아, 2017년 1월 노동개혁법안을 통과시키면서 이를 세계 최초로 법제화했습니다. 이 법안에 따라 직원이 50명 이상인 기업에서는 퇴근 후 회사에서 오는 이메일이나 전화에 답하지 않을 권리를 근로자에게 부여했죠. 일명 '연결되지 않을 권리(right to disconnect)'를 법적으로 보장한 것입니다.

이보다 더 적극적으로 워라밸 관리에 개입하는 회사도 있습니다. 구글에서는 관리자와 직원 간 'One simple thing'이라는 면담제도를 운영하고 있습니다. 이 면담에서 직원들은 관리자에게 개인 생활과 관련된 약속을 하나씩 합니다. 예를 들어 '일주일에 세 번 운동을 하겠다', '주말 저녁에는 꼭 가족과 식사를 하겠다' 등 개인 생활의 질을 높일 수 있는 행동을 하나씩 정하고 이를 관리자와 공유하는 것이죠. 그리고 관리자는 이 약속들이 잘 지켜지고 있는지, 혹시 도와줄 것은 없는지, 관심을 가지고 수시로 물어봅니다. 구글이 이런 면담을 공식화한 것은 직원들의 워라밸을 높이려면 관리자의 관심과 지원이 꼭 필요하다고 생각하기 때문입니다.[60]

최근 우리나라 기업에서 일하다가 실리콘밸리 기업으로 이직한 사람의 인터뷰를 본 적이 있습니다. 두 기업의 가장 큰 차이점이 무엇이냐는 질문에 그는 이런 얘기를 들려주었습니다.

하루는 상사와 면담을 하러 갔는데 자리에 앉자마자 '행복하게 살고 있느냐?' 하고 물었답니다. 그냥 형식적인 인사라고 생각해서 '잘 지낸다'라고 대답했더니 그 상사가 다시 진지하게 '지금 행복하냐?'라고 되물으며, '나는 당신의 행복에 진심으로 관심을 가지고 있다'라고 말했다고 합니다. 그는 '이전에는 상사가 진심으로 나의 행복에 관심을 보인 적이 없었기 때문에 이런 말이 매우 낯설었다'라고 덧붙였습니다.

이는 한 사람의 개인적 경험이지만 많은 생각을 하게 해줍니다. 일과 개인 생활의 경계를 넘어 나의 총체적 행복에 관심을 가져주는 상사가 있다는 건 어떤 느낌일까요? 리더 여러분은 지금 직원들의 어느 부분에 관심을 가지고 있는지 한번 돌아보셨으면 합니다.

학술적으로 증명된 일과 가정의 관계

☑ 일-가정 갈등(work-family conflict): 일과 가정을 양립하며 각 영역에서
요구하는 역할을 충분히 수행하기가 어려워지면 일과 가정 사이에서
갈등이 발생

: '일-가정 갈등'이 높아지면 우울감, 스트레스 등 정신건강 문제, 삶에 대한 낮은
만족도, 경력 불만족, 이직 의도 등을 야기

: [일→가정에 영향] 업무량이 많아 퇴근시간이 늦어져 아이와 잘 놀아주지 못함

: [가정→일에 영향] 육아 스트레스 때문에 업무에 집중하기 어려움

☑ 일-가정 강화(work-family enrichment): 일과 가정을 양립하며 각 영역이
서로 긍정적 영향을 주는 것

: '일-가정 강화'가 높으면 회복력, 긍정 감성, 직무만족, 삶의 만족도, 창의성이 높아짐

: [일→가정에 영향] 직장에서 상사/동료와 원만한 관계를 맺으면 가족 간에도
좋은 관계 형성

: [가정→일에 영향] 가족과 휴가를 보낸 후 직장에서 더욱 몰입하여 일함

자료: Michel, J. S., & Clark, M. A. (2009). "Has It Been Affect All Along? A Test of Work-to-family and Family-to-work Models of Conflict, Enrichment, and Satisfaction". *Personality and individual Differences*, 47(3), 163–168.

핵심가치,
구체적이어야 작동한다

: 행동 가이드라인 제시하기 :

언론과 인터뷰를 하는 기업 경영진의 약 75%가 구체적으로 질문을 받지 않아도 회사의 핵심가치를 비중 있게 언급한다고 합니다. 그만큼 핵심가치는 기업의 정체성을 가장 잘 설명해주는 요소 중 하나입니다. 기업의 홈페이지에 들어가도 어렵지 않게 그 기업의 핵심가치를 찾아볼 수가 있죠. 하지만 중요한 것은 '어떤 핵심가치를 가지고 있느냐'가 아니라 이것이 조직에서 '어떻게 작동하고 있느냐'일 것입니다.

기업의 핵심가치 현황

2020년 런던 비즈니스 스쿨의 도널드 설(Donald Sull) 교수 연구팀은 미국 기업 689개를 대상으로 핵심가치에 대한 연구를 진행했습니다.[61] 이 중 82%의 기업(562개)이 홈페이지나 연례보고서에 자사의 핵심가치를 공표하고 있었습니다. 이 연구에 따르면 한 기업이 가진 핵심가치의 수는 5개인 경우가 22%(155개)로 가장 많았고, 4개인 경우가 19%(135개), 6개가 15%(109개)로 나타났습니다. 즉 많은 기업이 5개 내외의 핵심가치를 가지고 있었습니다.

그렇다면 기업들은 주로 어떤 핵심가치를 표방하고 있을까요? 재미있는 사실은 조사 대상인 562개 기업의 핵심가치를 분석했더니 62개의 키워드로 분류되었다는 것입니다. 이는 많은 기업의 핵심가치가 겹친다는 의미입니다.

가장 많은 기업이 핵심가치로 표방한 것은 정직성(integrity)으로, 무려 65%의 기업이 핵심가치에 이를 포함하고 있었습니다. 두 번째는 협력(collaboration)으로, 절반이 넘는 53%의 기업이 이것을 핵심가치로 가지고 있었습니다. 그다음은 고객중심(48%, customer)과 존중(35%, respect), 혁신(32%, innovation) 순으로 나타났습니다. 결국 기업들이 사업을 하며 추구하는 핵심가치는 크게 다르지 않다는 것으로 해석할 수 있겠습니다. 즉, '정직성을 기반으로 구성원들이 서로 협력하고 존중하면서 고객을 중시하는 것'으로 요약됩니다.

그런데, 이렇게 비슷한 키워드들로 구성된 핵심가치가 어떻게 기업의 정체성이 될 수 있을까요? 관건은 기업이 어떤 핵심가치를 가지고 있느냐가 아니라 이 핵심가치가 직원들을 통해 실행되고 있느냐 하는 점입니다. 기업이 핵심가치를 가지고 있다는 것과 그것의 실제 작동은 완전히 다른 이야기이기 때문입니다. 일례로 배출가스 저감장치를 조작해 차량을 판매한 폭스바겐도, 고객 모르게 은행 계좌를 만들고 신용카드를 발급한 웰스파고도 모두 핵심가치에 정직성을 포함하고 있었습니다.

핵심가치에 맞는 행동 가이드라인 제시하기

그렇다면 핵심가치가 실제 조직에서 작동하도록 하기 위해 리더는 무엇을 해야 할까요? 사실 가치라는 말처럼 손에 잡히지 않는 것도 없죠. 그래서 리더는 먼저 추상적 개념인 '핵심가치'를 구체적 '행동 가이드라인'으로 만들어 직원들에게 제시해야 합니다. 이 행동 가이드라인은 반드시 회사의 업종과 직접적으로 연계되고 직원들의 일상에서 실행 가능한 것이어야 합니다.

최근 많은 회사가 핵심가치에 '혁신'을 포함하고 있습니다. 현재에 안주해서는 도태될 수 있다는 위기감이 담겨 있죠. 하지만 각 기업이 추구하는 혁신의 모습에 따라 직원들에게 요구하는 행동 가이드라인은 달라야 합니다.

예를 들어 구글은 직원들에게 '10X 사고(10X thinking)'를 할 것을 강조합니다. 어떤 문제를 10% 개선할 것이 아니라 완전히 다른 관점에서 10배 혁신할 방법을 찾으라는 의미죠. 달로 로켓을 쏘아 올리는 것처럼 혁신적 도전을 하라는 의미에서 '문샷 사고(Moonshot Thinking)'라고도 부릅니다. 그리고 그 주제는 그동안 이 세상 누구도 해결하지 못한 것이어야 하고 소수가 아닌 10억 명 이상의 사람에게 좋은 영향을 미칠 수 있는 것이어야 합니다.

구글의 모회사 알파벳의 연구소인 구글X(현재 X Development)의 창립자 애스트로 텔러(Astro Teller)는 이렇게 말했습니다. "10%를 개선하려면 추가적 비용과 노력이 필요하지만 10배를 개선하는 데는 용기와 창의성이 필요합니다. 우리는 쉬워서가 아니라 어렵기 때문에 이 일을 합니다." 즉 다른 사람이 할 수 없는 일을 해서 이 세상을 변화시키라는 것이 구글이 직원들에게 던지는 주문이라는 것입니다.

한편, 구글과 마찬가지로 혁신을 강조하기는 하지만 메타가 직원들에게 제시하는 행동 가이드라인은 완전히 다릅니다. 메타에서는 일하는 방식으로 해커웨이(Hacker way)를 제시하는데, 구글과 반대로 해커웨이는 '끊임없이 조금씩 개선하라'라는 의미를 담고 있습니다. 이에 따라 직원들은 무엇이든 더 좋아질 수 있고, 결국 완성이란 없다고 생각합니다. 한 번에 큰 것을 이루기보다는 제품이든 서비스든 일단 무엇인가를 만들어내고 지속적으로 개선하는 것을 중요하게 여

자료: ⟨http://www.asmartsolutions.ca/our-thinking/facebook-vs-google-p1-vision⟩.

깁니다. 메타의 사무실에는 '일단 실행하는 것이 완벽한 것보다 낫다 (Done is better than perfect)'라는 문구가 곳곳에 붙어 있습니다. 이는 일상에서 직원들에게 해커웨이를 일깨워주기 위한 것입니다.

똑같이 혁신을 핵심가치로 가진 기업이라도 직원들에게 요구하는 행동은 이렇듯 다를 수 있습니다. 그리고 핵심가치를 갖고 있다면 그것을 직원들에게 구체적으로 제시해야만 직원들이 회사가 추구하는 방향으로 행동하며 핵심가치를 실현할 수 있습니다.

우리 회사만의 상징적 용어 사용하기

리더가 핵심가치를 전달할 때 우리 회사만의 상징적 용어를 사용하면 더 효과를 높일 수 있습니다. 많은 기업이 고객중심(customer-centric)을 핵심가치로 제시합니다. 그런데 아마존은 여기서 한발 더 나아가 '고객집착(customer obsession)'이라는 용어를 쓰면서 핵심가치를 더욱 강조합니다. 고객은 만족을 모르기 때문에 무엇인가를 끊임없이 원하고, 그런 고객을 만족시키겠다는 욕심을 가져야 한다는 것이 바로 '고객집착'의 핵심입니다.

또한 아마존에서는 '고객집착'을 실현하기 위한 방법으로 'Day1 마인드셋'을 강조합니다. 일을 처음 시작한 그 첫날(Day1)의 열정과 마음가짐을 잊지 말라는 뜻입니다. 우리말로 하면 '초심을 잊지 말고 고객만족을 위해 최선을 다하자'라는 의미를 아마존 고유의 용어로 표현한 것이라고 할 수 있습니다.

• 아마존 본사 건물 내부에 있는 'DAY1' •

자료: Amazon News Twitter (@amazonnews)

많은 기업이 중요하게 생각하는 핵심가치 중 하나는 '구성원이 서로 돕고 협력(collaboration)하라'라는 것입니다. 그런데 컨설팅회사 베인 앤드 컴퍼니는 평범하게 들리는 '협력'이라는 말 대신 조금 다른 표현을 사용합니다. '베인의 직원들은 동료가 실패하도록 내버려두지 않는다(A Bainie never lets another Bainie fail)'라는 문구를 핵심가치 중 하나로 명문화해놓은 것이죠. 베인 앤드 컴퍼니는 업종의 특성상 소수의 구성원이 한 팀이 되어 프로젝트를 진행하는 경우가 많습니다. 그런 맥락에서 볼 때 이 핵심가치는 동료를 돕고 협력하여 공동의 성과를 만드는 것이 가장 중요함을 강조한 것이라고 할 수 있습니다.

그 기업 나름의 상징적이고 고유한 용어를 사용하면 일반적인 핵심가치에 좀 더 특별한 의미를 담을 수 있습니다. 비단 기업이 명문화해놓은 핵심가치에 국한되는 이야기만은 아닙니다. 팀 단위 조직의 리더도 이 같은 방법으로 팀이 지향하는 방향성을 명확하게 제시할 수 있습니다. 여러분의 조직은 어떤가요? 여러분이 리더로서 강조하고 있는 가치가 보통명사가 아닌 고유명사로서 잘 공유되고, 동시에 일상생활에서 잘 실천되고 있는지 점검해보셨으면 합니다.

부서의 핵심가치 만들기

핵심가치는 조직의 크기에 관계없이 한 조직의 구심점이 되어 직원들을 결속시키는 역할을 합니다. 여러분의 부서에는 핵심가치가 있나요? 직원들과 함께 부서의 핵심가치와 이를 실현시키는 행동 가이드라인을 만들어보시기 바랍니다.

☑ 부서의 핵심가치

☑ 행동 가이드라인

- 　
- 　
-

33
직원의 마인드셋이 바뀌면
조직문화도 바뀐다

: 성장형 마인드셋으로
직원 역량 개발하기 :

2014년 마이크로소프트는 모바일 시장에 진출할 시기를 놓치고 윈도우8도 판매부진에 시달리면서 침체를 겪고 있었습니다. 이때 마이크로소프트에서 22년 동안 재직한 사티아 나델라가 세 번째 CEO로 취임합니다. 그는 회사가 성장하기 위해서는 가장 먼저 조직문화를 혁신해야 한다고 생각했습니다. 그래서 취임 직후 직원들에게 이런 이메일을 보냈습니다. "최고를 향한 과정에서 실패는 피할 수 없다는 것을 인정하고 불확실한 상황으로 과감히 뛰어들어 도전하는 문화를 만들어야 합니다."

여기서 주목할 부분은, 조직문화 혁신을 위한 나델라의 접근법이 여느 CEO와는 달랐다는 겁니다. 조직문화는 기본적으로 개인이 아닌 회사 차원의 문제이기 때문에 변화를 시도할 때 인사제도를 바꾸거나 전사적 캠페인을 하는 경우가 많습니다. 하지만 나델라는 "조직문화가 변하려면 회사는 잊어버리고 철저히 개인 차원에서 접근해야 한다"라고 말했습니다. 그리고 이런 의미에서 직원들에게 '성장형 마인드셋'을 끊임없이 강조했습니다.[62]

성장형 마인드셋이란 무엇인가?

성장형 마인드셋은 스탠퍼드대학교 캐롤 드웩(Carol Dweck) 교수가 처음 만들어낸 개념입니다.[63] 그는 사고방식을 '고정형 마인드셋(fixed mindset)'과 '성장형 마인드셋(growth mindset)' 두 가지로 구분했습니다. 고정형 마인드셋은 개인의 능력이 이미 정해져 있다고 보는 관점입니다. 마치 돌에 새겨진 것처럼 사람마다 잘하는 것과 못하는 것이 정해져 있다고 보는 것이죠. 스스로를 평가할 때나 다른 사람을 바라볼 때 '저 사람은 이건 잘하지만 저건 잘 못해'라고 자주 생각한다면 고정형 마인드셋을 가지고 있는 겁니다.

반면 성장형 마인드셋은 노력에 따라 개인의 능력이 개발될 수 있다고 보는 관점입니다. 어떤 일을 못하는 것이 아니라 아직 개발이 덜 되었다('not yet')고 보는 것이죠. 그래서 성장형 마인드셋을 가진

두 가지 마인드셋	고정 마인드셋	성장 마인드셋
기본 전제	지능은 정해져 있다	지능은 성장할 수 있다
욕구	남들에게 똑똑해 보이고 싶다	더 많이 배우고 싶다
따라서…		
도전 앞에서	도전을 피한다	도전을 받아들인다
역경 앞에서	쉽게 포기한다	맞서 싸운다
노력에 대해	하찮게 여긴다	완성을 위한 도구로 여긴다
비판에 대해	옳더라도 무시한다	비판으로부터 배운다
남의 성공에 대해	위협을 느낀다	교훈과 영감을 얻는다
⇩		
결과	현재 수준에 정체되고 잠재력을 발휘하지 못한다	잠재력을 발휘해 최고의 성과를 낸다

자료: 캐롤 드웩 (2017), 《마인드셋》, 김준수 역, 스몰빅라이프.

사람은 달성하기 어려워 보이는 목표라도 과감히 도전하고, 실패하더라도 이를 통해 배웁니다.

사티아 나델라는 직원 개개인이 성장형 마인드셋으로 무장하면 조직문화도 바뀔 것이라고 생각했습니다. 그는 직원들의 잠재력에서 최고의 능력을 끌어내는 것이 바로 리더십의 본질이라고 말하면서 직원들을 성장시키는 것이 리더의 중요한 미션임을 강조했습니다.

한 단계 더 높은 도전적 과업 부여하기

직원들 각자가 아무리 성장형 마인드셋을 가지고 있다 해도 리더가 '그 직원은 이런 일은 잘해낼 수 없을 거야'라는 생각을 한다면 어떨까요? 그래서 새로운 과제를 부여하지 않는다면 직원들은 노력도 하기 전에 도전할 기회를 잃게 됩니다.

물론 리더 입장에서는 당장 그 일을 잘해낼 수 있는 직원을 찾는 게 편할 겁니다. 하지만 특정 업무를 잘 처리하는 직원에게 계속 비슷한 종류의 일만 맡긴다면 결과는 어떻게 될까요? 그 직원은 한 가지 일에 익숙해져 더는 자신의 능력을 개발할 필요를 느끼지 못하게 될지도 모릅니다. 또 이미 그 일을 통해 상사에게 인정받고 있기 때문에 군이 다른 업무에 도전해서 리스크를 감수하려 하지 않을 수 있습니다. 결국 이 직원은 자신이 가지고 있는 능력의 일부만 발휘하며 현재에 안주하게 될 가능성이 큽니다. 따라서 리더는 한 분야를 익숙하게 잘하는 직원에게 계속해서 비슷한 일을 맡겨 직원의 역량 개발을 막는 우를 범해서는 안 됩니다.

또 능력이 다소 부족해 보여 난이도가 낮은 일만 맡게 되는 직원은 어떨까요? 그 직원은 도전할 기회조차 얻기 어렵기 때문에 능력을 개발하고 학습할 기회도 그만큼 줄어들게 됩니다. 어떤 일에 장점이 있는지 찾아내기는 더욱 어려워지죠. 이런 악순환이 일어나면 그 직원은 자신이 잘할 수 있는 일이 없다는 생각에 좌절하게 됩니다. 따라서 리더는 다소 불안한 부분이 있더라도 직원의 현재 능력보다 한 단계 높은 도전적 과제를 맡기고 그 일을 잘 수행할 수 있도록 도와주어야 합니다. 그래야 직원 개인의 성장은 물론 리더가 믿고 맡길 수 있는 직원도 더 늘어나게 됩니다.

상대적 강점을 찾아 연결시키기

직원들을 모두 최고의 전문가로 키울 수 있으면 좋겠지만 현실에서 이는 거의 불가능한 이야기입니다. 다른 방법은 없을까요? 스콧 애덤스(Scott Adams)의 조언에서 힌트를 얻어보려고 합니다.[64] 스콧 애덤스는 샐러리맨의 일상을 풍자한 만화 〈딜버트(dilbert)〉로 큰 인기를 모은 만화가이자 자기계발 분야의 유명한 연설가입니다.

그는 한 분야에서 최고가 되기는 어렵지만, 노력하면 두세 개 분야에서 상위 25% 안에는 들 수 있다고 말했습니다. 즉 최고는 아니어도 두 개 정도의 '괜찮은 능력'을 갖출 수는 있다는 겁니다. 그리고 이렇게 하나의 '괜찮은 능력'과 또 다른 하나의 '괜찮은 능력'이 합쳐지면 능력이 배가되고 다른 사람에게서는 찾을 수 없는 희소성을 갖게 됩니다.

사실 스콧 애덤스 본인이 바로 이 방법으로 성공한 사례입니다. 그는 일반인보다 그림을 잘 그리는 편이었지만 만화가로서 그렇게 뛰어난 실력을 가지고 있지는 않았습니다. 스토리를 재미있게 만들 줄은 알았지만 독자들에게 큰 웃음을 줄 정도는 아니었죠. 하지만 은행에서 일한 경력 덕분에 회사 생활의 이면, 즉 비합리적 의사결정이나 과도한 위계질서에서 오는 비효율적 측면 등을 잘 알고 있었습니다.

결국 스콧 애덤스는 '괜찮게 그림을 그리는 능력'과 '그럭저럭 재밌게 스토리를 짜는 능력', 그리고 다른 만화가들은 경험해보지 못한 '회사 생활에 대한 이해'를 바탕으로 유명한 '직장 풍자 만화가'가 됐습니다. 이와 같이 최고는 아니지만 서로 연결하면 시너지를 낼 수 있는 능력들을 그는 '스트롱 패키지(strong package, 강력한 묶음)'라고 표현했습니다. 단 하나의 뛰어난 능력을 가지고 있지는 않더라도 다른 사람보다 상대적으로 나은 능력 몇 개를 결합하면 독보적 능력을 발휘할 수 있다는 것이죠.

직원의 역량 개발을 도와주려는 리더들은 이 부분에 관심을 기울여야 합니다. 통상 회사에서는 직원 한 사람 한 사람이 독보적으로 뛰어난 역량을 가지고 있다기보다는 상대적으로 나은 강점 몇 개를 가지고 있는 경우가 많습니다. 기획력이 조금 더 좋다든지, 글을 조금 더 잘 쓴다든지, 다른 사람과 좋은 관계를 맺어 협력을 잘 이끌어낸다든지, 아이디어가 좋다든지 하는 것들이죠. 그렇다면 리더는 직원을 세심하게 관찰해 그의 '강력한 묶음'을 찾아내야 하며, 이를 더 발전시킬 수 있도록 도와주어야 합니다. 상위 25% 정도의 역량이라면 남들보다 조금 더 우수한 수준이기 때문에 정작 본인은 이를 강점으로 인지하지 못할 수도 있습니다. 이 때문에 리더의 관찰과 강점 발굴, 그리고 코칭이 매우 중요합니다.

어찌 보면 직원을 성장시킨다는 것은 업무 배분에서 코칭에 이르기까지, 실은 직원보다 리더가 더 귀찮고 신경 쓰이는 일의 연속인지도 모릅니다. 하지만 리더가 성장형 마인드셋을 가지고 직원들의 역량개발을 돕는다면 그 열매는 직원과 리더, 또 조직 전체가 두루 나눌 수 있을 만큼 충분히 달콤할 것입니다.

스트롱 패키지를 찾아라: '상대적 강점' 연결하기

모든 직원이 각기 한 분야에서 절대적으로 뛰어난 재능을 가지고 있다면 좋겠으나 이는 쉽지 않은 일입니다. 이때 리더는 직원이 지닌 상대적 강점들을 찾아 서로 연결해줌으로써 스트롱 패키지를 만들고 그와 관련한 조언을 해줄 수 있습니다. 직원 한 사람을 마음에 정해 그의 상대적 강점을 다음과 같이 떠올려보시기 바랍니다.

☑ 직원의 이름

☑ 직원의 상대적 강점

☑ 상대적 강점을 연결시키는 조언의 말

실패이익률을 높여라

: 똑똑한 실패를 학습시키기 :

구글, 아마존 등 혁신기업으로 손꼽히는 많은 기업이 성공으로 가는 과정에서 실패는 필연적이며, 그러므로 조직에서 실패를 용인하는 것이 필요하다고 조언하고 있습니다. 특히 아마존의 창업자 제프 베이조스는 '성공과 실패는 분리할 수 없는 쌍둥이'라며 아마존을 '이 세상에서 가장 실패하기 좋은 곳으로 만들겠다'라는 포부를 밝히기도 했습니다. 실제로 아마존은 수년 동안 빠르게 성장했지만 그 과정에서 많은 실패를 겪었죠. 일례로 2014년 시장에 내놓은 스마트폰 브랜드 '파이어폰'은 판매부진으로 가격이 99센트까지 떨어져 공짜폰이라는 굴욕을 겪다가 1년 만에 생산을 중단하기도 했습니다. 그럼에도 불구하고 온라인 유통과 아마존 웹 서비스(AWS)를 필두로 아마존은 가파르게 성장했습니다.

이런 트렌드는 한때 우리 기업에 '실패를 용인하라'라는 화두를 던지기도 했습니다. 하지만 작은 실수 하나만으로도 기업의 존망이 갈리는 상황에서 리더들이 실패를 용인하는 것이 과연 가능한가 하는 의문도 많이 제기됩니다. 혁신기업들의 조언이 잘못된 것일까요?

세 가지 실패와 그중 가장 좋은 실패

먼저 '실패를 용인하라'. 이 문장을 다시 해석해볼 필요가 있습니다. 이 말은 조직에서 일어나는 모든 실패를 용인하라는 뜻이 아닙니다. 하버드대학교 에이미 에드먼슨 교수는 실패에는 '좋은 실패'와 '나쁜 실패'가 있다고 말하며 실패를 세 가지로 구분했습니다.[65] '실패를 용인하라'에서 용인의 대상이 되고 장려되어야 하는 실패는 당연히 '좋은 실패'를 말합니다. 그렇다면 에드먼슨 교수가 말한 세 가지 실패는 무엇일까요?

첫 번째는, '예방 가능한 실패(preventable failure)'입니다. 이는 충분히 피할 수 있었음에도 불구하고 개인의 부주의나 스킬 부족, 의도적 부정행위 때문에 발생하는 실패입니다. 예를 들어 정해진 프로세스에 따라 작업이 진행되는 제조 현장에서 부주의로 인해 발생하는 불량품이나, 매뉴얼을 따르지 않아서 일어나는 고객불만 등이 여기 해당합니다. 이러한 유형의 실패는 가장 나쁜 실패에 속합니다.

두 번째는 '복합적인 실패(complexity-related failure)'입니다. 이는 개인의 부주의나 의도적 부정행위로 인한 것이 아닌, 조직 내외부의 환경이 매우 모호하고 복잡해서 불가피하게 일어나는 실패를 말합니다. 충분히 주의를 기울였지만 환경이 급변하거나 천재지변급의 사고로 인해 발생하는 실패로, 이를 담당자의 잘못으로 보기는 어렵습니다. 이 복합적인 실패는 나쁜 실패도, 좋은 실패도 아닙니다.

마지막 세 번째는 '똑똑한 실패(intelligent failure)'입니다. 세상에 없던 새로운 제품이나 서비스를 만드는 과정에서 기대한 결과를 창출하지 못하고 실패했을 때, 이를 '똑똑한 실패'라고 부릅니다. 이 똑똑한 실패는 일상 업무를 수행하는 과정이 아니라 창조적 혁신의 과정에서 발생한다는 특징이 있습니다. '실패를 용인하라'라는 말에서 용인의 대상이 되고 더 나아가 장려되어야 하는 실패는 바로 이 '똑똑한 실패'입니다. 에드먼드슨 교수는 이를 가장 좋은 실패라고 말했습니다.

'똑똑한 실패'가 용인되는 이유

왜 '똑똑한 실패'는 용인이 되어야 할까요? 아무도 가보지 않은 길을 가는 과정에서 실패는 필연적으로 발생할 수밖에 없기 때문입니다. 새로운 시도를 할 때 예상한 결과가 단번에 나오기란 거의 불가능한 일이죠. 그래서 실리콘밸리 벤처캐피털들은 투자 기업을 선정할 때 창업자가 실패한 경험이 있는지를 중요하게 살펴봅니다. 실패는 당연한 과정이므로 이전에 실패를 경험한 창업자가 한 번도 실패한 적이 없는 창업자보다 이후의 성공 가능성이 더 높다고 보기 때문입니다.

  똑똑한 실패가 용인되어야 하는 또 다른 이유는 실패의 과정에서 새로운 지식을 만들어내기 때문입니다. 그래서 똑똑한 실패를 한 후에는 여기서 산출된 지식을 어떻게 학습하느냐가 매우 중요합니다. 이것이 바로 다음 시도의 성공 확률을 높여주는 핵심 프로세스입니다. 실패에서 배우지 않으면 실패는 그냥 '비용(cost)'으로 끝나지만, 제대로 학습하면 실패는 한 단계 더 높은 산출물을 만들어내기 위한 '투입(input)'이 되는 것이죠. 결국 실패에서 이익을 내는 방법, 즉 '실패이익률(return on failure)'을 높이는 유일한 방법은 실패에서 배우는 것입니다.

구글의 '포스트모텀', 실패를 파헤치기

구글은 실패를 통해 배우는 프로세스를 잘 갖춘 기업으로 유명합니다. 그중 실패가 발생했을 때 팀원들이 모여 실패에 대해 토론하는 회의가 있는데, 이를 '포스트모텀(postmortem)'이라고 부릅니다.[66] '사후부검'이라는 의미로 이 회의에서는 실패의 원인과 과정을 세세하게 파헤칩니다. 이 회의는 크게 두 파트로 구성되고 약 한 시간가량 진행됩니다.

먼저 첫 번째 파트에서는, '무슨 일이 발생했는지'(Part 1. What happened)를 정확히 파악하는 데 집중합니다. 특히 실수하거나 일처리를 잘못한 사람을 찾아내고 질책하는 분위기가 되지 않도록 주의를 기울이며 서로의 생각과 아이디어를 나눕니다. 현재와 같은 결과가 나오기까지 팀이 잘한 부분과 잘못한 부분에 대해 깊이 있게 토론합니다.

두 번째 파트에서는, '다음에 실패하지 않기 위해 다르게 해야 할 것은 무엇인지'(Part 2. What can we do differently next time)에 대해 토론합니다. 토론 결과는 세부 실천항목으로 도출되고 각각의 실천항목에 대해서는 담당자와 납기가 정해집니다. 이 회의의 모든 과정은 정해진 양식에 따라 작성되고 모두 기록으로 남깁니다.*

조직이 혁신을 해나가는 과정에서 A에 투입한 비용이 꼭 A의 산출물로 나오는 것은 아닙니다. 제프 베이조스는 2018년 주주 서한에서 아마존의 대표 실패작으로 꼽히는 파이어폰에 대해 이렇게 얘기

---

* 구글 포스트모텀 양식은 아래 링크를 참조. 〈https://docs.google.com/document/ d/1ob0dfG_gefr_gQ8kbKr0kS4XpaKbc0oVAk4Te9tbDqM/edit〉.

제4장 • 성과를 넘어 문화를 만드는 리더

한 적이 있습니다. "파이어폰과 AI 스피커 에코의 개발은 거의 동시에 시작되었습니다. 파이어폰은 실패했지만 그 과정에서 나온 지식을 발전시켜 에코와 알렉사를 더 빠르게 개발할 수 있었습니다."

A의 실패는 의도치 않게 B로, 또 C로도 연결되어 세상의 빛을 보기도 하는 겁니다. 그러니 과감히 도전하고, 실패하더라도 아까워하지 말고 이를 통해 더 새로운 것을 만들어가야 합니다. 모든 혁신은 그렇게 이루어집니다.

실패에 대한 두려움을 줄이는 방법

실패를 피할 묘수는 없습니다. 실패를 두려워하지 않는 사람도 없습니다. 하지만 실패의 두려움을 줄일 수는 있습니다. 실패의 두려움을 극복하는 데 도움을 줄 네 가지 방법을 알려드립니다.

1. 실패를 재정의하라

　: 실패를 너무 광범위하게 정의해 작은 실패에도 좌절감에 빠지지 않도록 주의(가령 중간 실패는 '실패'가 아니라 '과정'으로 인식)

2. '회피 목표(avoidance goal)'가 아닌 '접근 목표(approach goal)'를 설정하라

　: 회피 목표는 부정적 프레임을 만들어 정신적 피로감을 증가시키고 실패에 대한 압박을 가중

　　＊**회피 목표**: 부정적 결과를 피하고자 하는 목표(예: 꼴찌를 면하자 등)
　　＊**접근 목표**: 긍정적 결과를 달성하고자 하는 목표(예: 신제품 개발 등)

3. '두려움 리스트(fear list)'를 만들어라

　: 두려워하는 것을 미리 리스트로 만들어 두려운 감정을 완화

4. 학습(learning)에 초점을 맞추어라

　: 실패를 통해 배움으로써 실패의 긍정적 측면을 활용

자료: Peppercorn, S. (2018. 12). "How to Overcome Your Fear of Failure". *Harvard Business Review*.

나의 실패 돌아보기

실패한 경험이 있으신가요? 내가 겪은 실패를 되돌아보고 그 경험을 바탕으로 당신만의 '두려움 리스트'를 만들어보세요.

☑ 당신의 실패 경험은 어떤 교훈을 남겼습니까?

_____

_____

☑ 그 일을 지금 다시 한다면 실패하지 않기 위해 어떻게 하시겠습니까?

_____

_____

☑ 실패에 대한 두려움을 줄이기 위해 당신만의 '두려움 리스트'를 만들어보세요.

1. _____

2. _____

3. _____

4. _____

냉철한 현실 인식에서 시작되는
한 줄기의 희망

: 위기에서 빛날 세 가지 리더십 :

최근의 기업경영은 한 치 앞도 내다볼 수 없을 정도로 불확실성이 지배하고 있습니다. 기업을 둘러싼 외부환경이 빠르게 변하는 것은 물론 코로나19 같은 전염병이 순식간에 세계를 집어삼키기도 합니다.

보통의 기업 위기는 변화하는 트렌드에 적절히 대응하지 못하거나 경영상의 잘못된 의사결정에 기인하는 경우가 많습니다. 하지만 기업이 아무리 시장의 변화를 잘 읽어내고 신중하게 의사결정을 해나가더라도 갑작스레 닥치는 위기를 피해 가기가 너무나도 어려운 시대가 되었습니다. 따라서 위기는 언제 어디에나 있을 수 있다는 생각으로 이에 대응하는 리더십을 익히는 것이 더 현실적인 방법일 겁니다. 위기 상황을 전제하거나 인식하고, 그때그때 발빠르게 대처하는 리더십이란 어떤 것일까요?

위기 상황에서 꼭 필요한 것: '의도적 침착함'

위기 상황이란 곧 변동성이 높은 상황입니다. 수시로 나쁜 뉴스가 들려오죠. 아무리 리더라 해도 감정적으로 동요하거나 패닉에 빠질 수 있습니다. 또 아무것도 할 수 없다는 생각으로 인해 중요한 시기에 오히려 무력감이 들 수도 있습니다. 이때 필요한 것이 '의도적 침착함 (deliberate calm)'입니다. 시시각각 변화하는 모든 상황에 일일이 어떤 대응을 내놓기보다는 냉정하고 침착하게 위기를 헤쳐나갈 방안을 모색하는 것이죠.

컨설팅사 맥킨지는 의도적 침착함을 유지하는 방법으로 '리더의 4단계 실행' 사이클을 제시했습니다.[67] 그 4단계는 '잠시 멈춤-평가-예측-실행(pause-assess-anticipate-act)' 사이클입니다.

첫째, 잠시 멈춤(pause) 단계는 수시로 들어오는 정보 하나하나에 일희일비해서 즉각적으로 반응하거나 성급하게 의사결정을 하지 말고 잠시 생각할 시간을 갖는 겁니다. 둘째, 평가(assess) 단계에서는 현재 상황에서 기업에 유리한 점과 불리한 점을 냉철하게 판단해봐야 합니다. 셋째, 예측(anticipate) 단계는 현재까지의 정보를 바탕으로 다음에 일어날 일을 상상해보는 겁니다. 마지막 넷째, 실행(act) 단계에서는 결정한 바를 차분하게 행동으로 옮기면 됩니다.

물론 위기 상황에서 이성적으로 이 4단계를 순서대로 실행하기가 쉬운 일은 아닙니다. 하지만 불안에 휩싸여 즉흥적으로 결정을 내리려 하거나 반대로 상황에 압도되어 아무 생각도 할 수 없을 때 '의도적 침착함'이라는 말을 떠올린다면 좀 더 빨리 냉정함을 찾는 데 도움이 될 겁니다.

위기 극복의 달인, 존 챔버스의 조언: '완벽해지려 하지 말라'

시스코의 전 CEO 존 챔버스(John Chambers)는 1995년부터 2017년까지 20년 넘게 CEO로 재직하며 기업을 성공적으로 이끌었습니다. 재임 중에는 1990년대 닷컴버블과 2008년 글로벌 금융위기 등 굵직한 위기 상황을 모두 이겨냈죠.

그는 여러 차례 큰 어려움을 극복하며 한 가지 교훈을 얻었다고 합니다. 바로 '위기 상황에서 완벽해지려 하지 말라'라는 것이었습니다.[68] 끝이 어디인지 모를 정도로 불확실한 위기 상황에서는 어차피 완벽하게 정보를 수집하고 대응책을 마련하는 것은 불가능하다는 이야기입니다.

그런데 이런 때일수록 직원들은 리더만 바라보고, 리더의 입에서 나올 결정사항을 기다립니다. 리더는 리더대로 답을 줘야 한다는 압박감에 결정을 내리려고 애쓰지만 쉽지 않죠. 이때 상당수의 리더는 어떠한 결정이나 조치를 내리기 전까지는 직원들과의 대화를 미루어둡니다. 이에 대해 존 챔버스는 직원들에게 완벽한 답을 주기 위해 시간을 끌기보다 리더가 알고 있는 정보를 직원들과 투명하게 공유하고 생각을 나누는 것이 낫다고 조언합니다.

2020년 초 모든 기업이 코로나19로 패닉에 빠져 있을 때 그는 이렇게 말했습니다. "지금은 완벽을 추구할 때가 아니라 상황에 적응해야 할 때입니다. 이럴 때는 B학점으로도 충분합니다. 이런 상황에서는 어차피 누구도 A학점을 받을 수 없고, B학점으로도 위기를 충분히 이겨나갈 수 있습니다." 앞으로 우리는 더욱 불확실한 세상에서 살게 될 것이고 그 누구도 이런 위기 상황에서는 완벽한 솔루션을 낼 수 없다는 뜻입니다.

따라서 직원들이 모두 불안해하는 위기 상황에서 리더는 혼자 또는 소수의 경영진과 고립되어 완벽한 결정을 내리겠다며 시간을 쓰기보다 직원들과 가까이에서 소통하며 정보와 생각을 나누어야 합니다.

희망적 미래로 이끄는 힘, '제한적 낙관주의'

위기 상황에서 리더는 직원들의 불안감을 잠재우고자 때로는 과도하게 자신감을 내보이기도 합니다. 그러나 이것이 근거 없는 낙관주의라면 오히려 직원들의 신뢰가 떨어지게 될 겁니다. 직원들도 여러 채널을 통해 이미 상황의 심각성을 충분히 인지하고 있을 것이기 때문이죠.

이럴 때 리더에게 필요한 것은 '제한적 낙관주의(bounded optimism)'입니다. 제한적 낙관주의는 막연한 장밋빛 희망 대신 직원들에게 근거 있는 기대를 불어넣어줍니다. 그리고 그 시작은 냉철하게 현실을 인식하는 데 있습니다. 현실에 기반해 지금 무슨 일이 일어나고 있는지 직원들에게 명확하게 설명하되 좌절이나 불안이 아닌 미래에 대한 희망을 갖게 하는 것이 바로 '제한적 낙관주의'입니다.

이는 '스톡데일 패러독스(Stockdale paradox)'와 같은 맥락으로 볼 수 있습니다. 제임스 스톡데일(James Stockdale)은 베트남전에 참전했다가 1965년에 적국으로 잡혀가 거의 8년 동안 포로 생활을 한 미국 해군 장교입니다. 경영 컨설턴트 짐 콜린스(Jim Collins)는 그의 책 《좋은 기업을 넘어 위대한 기업으로》에서 스톡데일과 나눈 대화를 소개한 바 있습니다. 그는 스톡데일에게 포로 생활을 견디지 못하고 숨진 사람들에 대해 질문했고, 스톡데일은 이렇게 답했습니다.

"그들은 불필요하게 상황을 낙관한 사람들이었습니다. 그들은 크리스마스 전에는 나갈 수 있을 거라고 믿다가 크리스마스가 지나면 부활절이 되기 전에는 석방될 거라고 믿음을 이어나가고 부활절이 지나면 추수감사절 이전엔 나가게 될 거라고 또 믿지만 반복되는 상실감에 결국 죽게 됩니다. 이건 아주 중요한 교훈인데요, 당신이 마침내 이기겠다는 믿음과 지금 가혹한 현실을 직시하는 것을 절대 혼동하면 안 됩니다."**69**

짐 콜린스는 이를 '스톡데일 패러독스'라고 이름 붙이고, 가혹한 현실을 직시한 상태에서 갖는 제한된 낙관주의만이 위기를 벗어나는 데 실질적 도움이 된다는 점을 강조했습니다. 다시 말해, 막연한 장밋빛 낙관주의는 오히려 독이 된다는 것입니다.

끝나지 않는 위기는 없다고 합니다. 그러나 이것은 길고 긴 위기의 터널에서 벗어난 후에야 할 수 있는 생각이고, 깜깜한 터널 속에 있을 때는 단 한 줄기의 희망도 보이지 않을 때가 많죠. 모두가 패닉에 빠져 있을 때 냉정하게 현실을 직시하고 모두가 좌절에 빠져 있을 때 실현 가능한 희망을 보여주며 직원들과 함께 소통하는 것, 이것이 바로 위기에서 빛을 발하는 리더의 모습입니다.

위기관리 리더십 점검하기

누구나 크고 작은 위기를 겪습니다. 위기가 다가왔을 때 어떻게 대응하셨나요? 과거의 위기 상황을 떠올리며 다시 똑같은 상황이 온다면 다음 세 가지 측면에서 어떻게 행동할 수 있을지 기술해보시기 바랍니다.

☑ 의도적 침착함 유지하기

· 과거:

· 미래:

☑ 완벽해지려 하지 않기

· 과거:

- 미래:

☑ 제한적 낙관주의 실행하기

- 과거:

- 미래:

리더십에 완성은 없다

: 세 가지 높이를 끝없이 오르내리는
리더십이라는 여행 :

좋은 리더가 되기 위해 갖추어야 할 리더십의 영역이 너무 넓어서 어디서부터 시작해야 할지 난감하다고 얘기하는 분들이 많습니다. 비전을 공유하고 성과 달성을 위한 동기부여를 하고, 소통도 잘하고 자기관리까지 하라고 하니 이런 반응이 나올 법합니다. 무엇을 먼저, 어느 정도까지 해야 하는지, 도대체 리더 혼자 이 많은 것을 다 감당할 수 있을지 의문이 들기도 할 겁니다.

이에 대한 힌트를 인시아드(INSEAD) 경영대학원의 이언 우드워드(Ian Woodward) 교수의 제안에서 찾아보려고 합니다. 그는 좋은 리더가 되려면 세 가지 높이에서 리더십을 발휘해야 한다고 말했습니다.[70] 바닥을 기준으로 5피트, 50피트, 5만 피트의 세 가지 높이를 자유롭게 이동하며 리더십을 발휘해야 한다는 얘기입니다.

먼저 높이의 감을 잡기 위해 '피트'를 우리에게 익숙한 미터법으로 바꾸면 리더십의 세 가지 높이 중 5피트는 약 1.5m, 50피트는 약 15m, 그리고 5만 피트는 15km가 조금 넘습니다. 그러면 리더십의 세 가지 높이가 의미하는 바는 무엇일까요?

리더에게 요구되는 세 가지 높이: 5만 피트, 50피트, 5피트

리더십의 세 가지 높이는 리더가 해야 할 일을 상징적으로 보여줍니다. 첫 번째로 5만 피트, 즉 15km 상공에서 리더가 해야 할 일은 높은 곳에서 아래를 내려다보며 큰 그림(big picture)을 그리는 일입니다. 이를 위해서는 소속 기업이나 해당 업종뿐 아니라 다양한 산업의 변화 트렌드를 두루 파악하고 있어야 합니다. 서로 다른 업종 간 협력과 융복합이 일상적으로 일어나는 상황에서 시야를 넓게 확보하지 못하면 우물 안 개구리가 되기 쉽습니다. 당연히 변화에 뒤처질 수밖에 없죠.

따라서 리더는 15km 상공에서 조망하는 것처럼 조직 내외부의 환경변화를 민감하게 파악하여 미래를 예측하고, 이를 기반으로 장기 비전을 만들어 조직이 미래에도 견고하게 성장할 수 있도록 이끌어야 합니다. 조직이 현실에 안주하지 않고 끊임없이 변화와 혁신을 거듭하도록 이끄는 것, 이것이 바로 15km 상공에서 리더가 해야 할 일입니다.

두 번째로 리더는 50피트, 즉 15m 높이에도 설 줄 알아야 합니다. 이는 곧 조직 내부의 단기목표 달성에도 집중해야 한다는 의미죠. 목표 달성에 필요한 의사결정을 하고 직원들이 각자의 역할을 잘 수행할 수 있도록 동기부여해야 합니다. 또 직원들이 과도한 스트레스나 번아웃에 빠지지 않도록 지원하고, 직원들의 정서를 살피는 것도 15m 높이에서 리더가 해야 하는 역할입니다. 자신이 맡은 조직에서 성과를 낼 뿐 아니라 다른 부서와의 협력을 통해 조직 전체의 성과를 높이는 일도 소홀히 해서는 안 됩니다.

마지막으로 5피트, 즉 1.5m 높이란 어떤 의미일까요? 이는 보통 성인의 키보다 조금 낮은 높이입니다. 이 높이에서 리더가 해야 할 일은 바로 자기관리입니다. 시대변화에 따라 요구되는 역량을 끊임없이 학습해 스킬과 업무능력 모두에서 뒤처지지 않도록 노력해야 합니다. 신체적 건강은 물론 정서적 건강을 유지할 수 있도록 자신의 내면과 감정을 잘 살피는 것도 간과해서는 안 됩니다. 또한 리더로서 요구되는 윤리성을 잘 갖추어 직원들에게 귀감이 되는 것도 이 높이에서 리더가 챙겨야 할 중요한 사안입니다.

50피트 높이에 집착하는 리더에게 필요한 5만 피트 리더십

역시나 리더의 자리는 너무 무겁고 할 일이 많다고 느껴질 겁니다. 글로벌 기업의 리더 자리에 오른 CEO조차 이 세 가지 높이의 리더십을 균형 있게 수행하기란 결코 쉽지 않습니다. 임원급 리더 중 70% 이상이 세 가지 중 한 가지 높이의 리더십에 사로잡혀 다른 리더십을 잘 발휘하지 못한다는 연구결과도 있습니다.

그렇다면 리더들은 어느 높이의 리더십에 가장 잘 사로잡히게 될까요? 바로 중간 높이인 50피트 리더십입니다. 자신이 맡은 조직의 단기성과를 달성하는 것은 물론 리더에게 매우 중요한 일입니다. 하지만 리더가 다른 높이의 리더십을 간과하고 50피트 리더십에만 매몰되어 있을 경우 눈앞의 성과 달성에만 집착하다가 환경의 거시적 변화를 인식하지 못하거나, 인식했더라도 현재의 성공을 연장하기 위해 이를 애써 외면하게 됩니다. 과거 필름의 대명사였다가 디지털 시대의 흐름을 외면해 2012년 파산 보호 신청까지 간 코닥의 리더처럼 말이죠.

코닥은 1992년 세계 최초로 디지털카메라를 개발했음에도 불구하고 필름의 매출이 감소할 것을 우려한 경영진의 판단 때문에 시장에 디지털카메라를 내놓지 않았습니다. 캐논과 니콘이 한발 앞서 디지털카메라를 내놓은 1994년, 서둘러 디지털카메라를 출시했지만 이미 다른 기업들이 시장을 선점한 후였죠. 코닥은 미래에 필름카메라가 디지털카메라로 전환될 것을 예견하지 못한 것은 아니지만 그 변화의 속도와 파급효과를 과소평가하는 오류를 범했던 것입니다.

이런 오류를 범하지 않으려면 늘 시대변화의 흐름을 읽을 수 있어야 합니다. 즉 단기성과에 집착하는 50피트 리더십을 보완하기 위해 필요한 것이 바로 5만 피트 리더십인 것이죠. 그중에서도 꼭 필요한 두 가지 시각이 있습니다.

먼저, 조직 외부의 관점에서 내부를 바라보는 '아웃사이드인(outside-in) 시각'입니다. 변화하는 외부 환경에 비추어 우리 조직이 변화 트렌드를 잘 감지하고 이에 적절히 대응하고 있는지를 살피는 것입니다. 이런 시각은 리더가 조직 내부의 논리에 매몰되지 않도록 도와줍니다.

또 하나는, 미래를 멀리 내다보고 그에 비추어 현재를 바라보는 '퓨처백(future-back) 시각'입니다. 리더가 '퓨처백 시각'을 갖게 되면 과거 우리 조직을 성장시킨 성공 법칙이 미래에도 적용 가능한 것인지 냉정한 시각으로 평가하게 됩니다. 리더가 이 두 가지 시각을 갖출 때 그 조직은 외부 환경변화에 민첩하게 대응하면서 미래에도 계속 성장하는 조직으로 살아남을 수 있습니다.

5피트 리더십이 정말로 중요한 이유

미래를 예견하고 조직의 변화를 이끄는 5만 피트 리더십과 단기성과를 창출하는 50피트 리더십까지 갖추었지만 자기관리에서 치명적 우를 범하는 리더도 있습니다. 바로 5피트 리더십을 갖추지 못하는 경우죠.

2005년 휴렛팩커드(HP)의 CEO가 된 마크 허드(Mark Hurd)는 컴팩(Compaq)과의 합병 이후 실적 부진을 겪고 있던 HP를 화려하게 부활시켰습니다. 그가 재임한 5년 동안 HP는 세계 1위의 프린터 제조회사가 됐고 HP의 주가는 2배가량 상승했습니다. 그러나 협력업체 대표와 부적절한 관계를 갖고 회사 공금을 개인적인 식사비나 여행비로 사용한 사실이 밝혀지면서 결국 이사회로부터 해임 통보를 받고 말았습니다.[71]

이렇듯 5피트 리더십이 결여되면, 즉 자기관리에 소홀하면 비윤리적 행동을 할 수 있습니다. 결과적으로 아무리 탁월한 경영능력을 갖추었더라도 리더로서 자격을 유지하기 어렵게 되죠. 따라서 리더는 더 높이 올라갈수록 자신의 언행이 윤리적 잣대에서 벗어나거나 자만심으로 가득 차지 않도록 주의를 기울여야 합니다.

리더십이란 목표 달성이 아니라 여행을 떠나는 것

세 가지 높이의 리더십을 균형 있게 발휘하려면 어떻게 해야 할까요? 가장 효과적인 방법은 먼저 세 가지 높이의 리더십 각각에 대해 자신이 해야 할 일을 적어보고 그 비중을 균형 있게 유지하는 것입니다.

예를 들어, 5만 피트 리더십을 발휘하기 위해서는 다른 업종에 있는 사람들을 주기적으로 만나 다양한 이야기를 나눈다거나 최신 자료를 찾아보며 산업의 변화 트렌드를 살펴보는 일이 도움이 됩니다. 50피트 리더십을 발휘하는 데는 직원들의 업무성과를 잘 관리하고 더 좋은 의사결정을 하기 위해 직원들과 적극적으로 소통하거나 때로는 고객을 직접 만나는 것도 필요합니다. 5피트 리더십을 위해서는 자신의 행동과 감정을 차분히 돌아보는 시간을 갖는 것이 중요합니다. 마음을 터놓을 수 있는 사람과 고민을 나누고 조언을 받는 것도 필요하겠죠.

리더 개인의 상황에 따라 세 가지 높이의 리더십이 갖는 중요성과 비중은 달라질 수 있습니다. 고위 경영진이거나 변화의 속도가 빠른 업종에 몸담고 있는 리더라면 5만 피트 리더십에 상대적으로 더 많은 시간을 할애해야 할 겁니다. 중요한 것은 자신에게 적합한 비율을 찾는 일입니다. 리더 개인의 상황에 따라 세 가지 리더십의 비율이 2:6:2가 될 수도 있고, 4:4:2가 될 수도 있습니다.

단, 자신이 정한 비율대로 세 가지 리더십을 균형 있게 발전시키고 있는지 매월 확인을 해보아야 합니다. 이렇게 시간을 따로 내서 주기적으로 점검하지 않으면 상대적으로 급박해 보이는 50피트 리더십에 매몰되어 단기성과만 좇는 리더가 될 수 있습니다.

리더십의 세 가지 높이를 제안한 우드워드 교수는 "리더십은 목적지에 도착하는 것이 아니라 여행을 하는 것(Leadership is a journey, not a destination)"이라고 말했습니다. 아무리 훌륭한 리더라도 끊임없이 리더십을 발전시킬 뿐 리더십을 완성한다는 것은 거의 불가능합니다. 그러니 리더십을 마음에 쌓아둔 숙제처럼 여기지 말고 하루하루 더 좋은 여행을 떠난다는 마음으로 계획을 세우고 실천하는 것이 어떨까요? 이때 리더는 더 좋은 여행자가 되고 직원들은 더 좋은 여행의 동반자가 될 수 있을 겁니다.

세 가지 높이의 리더십 적용하기

세 가지 높이의 리더십을 실천하려면 자신만의 비율을 정하는 것과 이를 지속적으로 확인하는 일이 중요합니다. 세 가지 높이의 리더십에서 실천이 필요한 항목을 적어보시기 바랍니다.

☑ **5만 피트(15km) 리더십: 큰 그림 그리기**

· ....

· ....

☑ **50 피트(15m) 리더십: 단기성과 창출**

· ....

· ....

☑ **5 피트(1.5m) 리더십: 자기관리**

· ....

· ....

1. Owen, D., & Davidson, J. (2009). "Hubris Syndrome: An Acquired Personality Disorder? A Study of US Presidents and UK Prime Ministers Over the Last 100 Years". *Brain*, 132(5), 1396–1406.

2. Hougaard, R., et al. (2018. 2). "Power Can Corrupt Leaders. Compassion Can Save Them". *Harvard Business Review*.

3. Hogeveen, J., Inzlicht, M., & Obhi, S. S. (2014). "Power Changes How the Brain Responds to Others". *Journal of Experimental Psychology: General*, 143(2), 755.

4. Schein, E. H. (2013). *Humble Inquiry: The Gentle Art of Asking Instead of Telling*. Berrett-Koehler Publishers.

5. Keltner, D. (2016). "Don't Let Power Corrupt You". *Harvard Business Review*.

6. Tasha Eurich (2018. 1). "What Self-Awareness Really Is (and How to Cultivate It)". *Harvard Business Review*.

7. 수전 데이비드 (2017). 《감정이라는 무기》. 이경식 역. 북하우스.

8. David, S. (2016. 11). "3 Ways to Better Understand Your Emotions". *Harvard Business Review*.

9. Watkins, P. C., Mathews, A., Williamson, D. A., & Fuller, R. D. (1992). "Mood-congruent Memory in Depression: Emotional Priming or Elaboration?". *Journal of Abnormal Psychology*, 101(3), 581.

10. 스티브 잡스 스탠퍼드대학교 졸업식 연설문 (2005).

11. Casteel, B. (2012. 3. 25). "Sleeping Too Much or Too Little Can be

Bad for Your Heart". American College of Cardiology.

12. Van Dam, N., & Van der Helm, E. (2016. 2. 1). "The Organizational Cost of Insufficient Sleep". *McKinsey Quarterly*.

13. Barnes, C. (2017. 2). "Sleep-Deprived Judges Dole Out Harsher Punishments". *Harvard Business Review*.

14. 데이비드 M. 루빈스타인 (2021). 《타이탄의 지혜들》. 김현정 역. 토네이도.

15. Hougaard, R., & Carter, J. (2018. 2). "Senior Executives Get More Sleep Than Everyone Else". *Harvard Business Review*.

16. Lewis, S. "The Real Cost of Micromanagement (and How to Fix It with Trust)". Thrive Global.

17. "2016 Letter to Shareholders" (2017. 4. 18). 〈https://www.aboutamazon.com/news/company-news/2016-letter-to-shareholders〉.

18. 대니얼 카너먼 (2018). 《생각에 관한 생각》. 이창신 역. 김영사.

19. 셰릴 샌드버그 칭화대학교 졸업식 연설문 (2015).

20. Toegel, G., Kilduff, M., & Anand, N. (2013). "Emotion Helping by Managers: An Emergent Understanding of Discrepant Role Expectations and Outcomes". *Academy of Management Journal*, 56(2), 334-357.

21. 브레네 브라운 (2019). 《수치심 권하는 사회》. 서현정 역. 가나출판사.

22. 셀레스트 헤들리 (2019). 《말센스》. 김성환 역. 스몰빅라이프.

23. Cranston, S., & Keller, S. (2013. 1. 1). "Increasing the 'Meaning Quotient' of Work". *McKinsey Quarterly*.

24. 댄 애리얼리 (2012). 《거짓말하는 착한 사람들》. 이경식 역. 청림출판.

25. Zenger, J., & Folkman, J. (2017. 5. 2). "Why Do So Many Managers Avoid Giving Praise?". *Harvard Business Review*.

26. Zenger, J., & Folkman, J. (2017. 5. 2). "Why Do So Many Managers

Avoid Giving Praise?". *Harvard Business Review*.

27. Harter, J., & Adkins, A. (2015. 4. 8). "Employees Want a Lot More From Their Managers". Gallup.

28. Gallup (2020). "Employee Burnout: Causes and Cures".

29. "Burn-out an 'Occupational Phenomenon': International Classification of Diseases" (2019. 5. 28). WHO.

30. Demerouti, E., Bakker, A. B., Nachreiner, F., & Schaufeli, W. B. (2001). "The Job Demands-resources Model of Burnout". *Journal of Applied psychology*, 86(3), 499~512.

31. Wigert, B., & Agrawal, S. (2018. 7. 12). "Employee Burnout, Part 1: The 5 Main Causes". Gallup.

32. Wigert, B., & Agrawal, S. (2018. 7. 12). "Employee Burnout, Part 1: The 5 Main Causes". Gallup.

33. Maxwell, J. (2010. 12. 20). "For Leaders: Balancing Care with Candor". 〈https://www.maxwellleadership.com〉.

34. IBM Smarter Workforce Institute (2018. 6). "The Financial Impact of Positive Employee Experience".

35. 대니얼 카너먼 (2018). 《생각에 관한 생각》. 이창신 역. 김영사.

36. 에이미 에드먼드슨 (2015). 《티밍》. 오지연·임제니퍼 역. 정혜.

37. 대니얼 코일 (2018). 《최고의 팀은 무엇이 다른가》. 박지훈 역. 웅진지식하우스.

38. Edmondson, A. C. (2008). "The Competitive Imperative of Learning". *Harvard Business Review*, 86(7/8), 60.

39. Birkinshaw, J., & Cohen, J. (2013. 9). "Make Time for the Work That Matters". *Harvard Business Review*.

40. 존 맥스웰 (2010). 《리더십 불변의 법칙》. 홍성화 역. 비즈니스북스.

41. Zander, B. (2008). "The Transformative Power of Classical Music". TED.

42. Ibarra, H. (2019. 8. 19). "A Lack of Sponsorship Is Keeping Women from Advancing into Leadership". *Harvard Business Review*.

43. Chow, R. (2021. 6. 30). "Don't Just Mentor Women and People of Color. Sponsor Them". *Harvard Business Review*.

44. 라즐로 복 (2021). 《구글의 아침은 자유가 시작된다》. 이경식 역. 알에이치 코리아(RHK).

45. Wansink, B., & Van Ittersum, K. (2008). "The Perils of Large Plates: Waist, Waste, and Wallet". *Journal of Marketing*.

46. Thaler, R. (2015. 11. 1). "The Power of Nudges for Good and Bad". *The New York Times*.

47. Porath, C., & Pearson, C. (2013. 1~2). "The Price of Incivility". *Harvard Business Review*.

48. Dunning, D., & Kruger, J. (1999). "Unskilled and Unaware of It: How Difficulties in Recognizing One's Own Incompetence Lead to Inflated Self-assessments". *Journal of personality and social psychology*.

49. Porter, T., & Schumann, K. (2018). "Intellectual Humility and Openness to the Opposing View". *Self and Identity*, 17(2), 139-162.

50. Birkinshaw, J., et al. (2019. 5. 28). "Older and Wiser? How Management Style Varies With Age". *MITSloan Business Review*.

51. O'boyle, D. (2021. 3. 30). "4 Things Gen Z and Millennials Expect From Their Workplace". Gallup.

52. Schwartz, D. et al. (2019. 8. 7). "Finding the Right Remedy for Poor Organizational Performance". Bain & Company.

53. Microsoft (2020. 1). "The Art of Teamwork".

54. Porath, C., & Pearson, C. (2013. 1~2). "The Price of Incivility". *Harvard Business Review*.

55. Merle, R. (2016. 10. 12). "Wells Fargo CEO Steps Down in Wake of Sham Accounts Scandal". *The Washington Post*.

56. Tayan, B. (2019. 1). "The Wells Fargo Cross-Selling Scandal". Stanford Closer Look Series.

57. 댄 애리얼리 (2012). 《거짓말하는 착한 사람들》. 이경식 역. 청림출판.

58. 삼성경제연구소의 설문조사 결과(2020. 직장인 2,512명 응답).

59. Crouter, A. C. (1984). "Spillover from Family to Work: The Neglected Side of the Work-Family. *Human Relations*, 37(6), 425–441.

60. "Tool: Use 'One Simple Thing' for Goal Setting". 〈https://rework.withgoogle.com〉.

61. Sull, D. et al. (2020. 7. 21). "When It Comes to Culture, Does Your Company Walk the Talk?". *MITSloan Business Review*.

62. Rosoff, M. (2015. 6. 26). "The Buzzy New Term at Microsoft is 'Growth Mindset'- here's What It Means". *Business Insider*.

63. 캐롤 드웩 (2017). 《마인드셋》. 김준수 역. 스몰빅라이프.

64. Adams, S. (2007. 7. 20). "Career Advice". Delbert Blog.

65. Edmondson, A. (2011. 4). "Strategies for Learning from Failure". *Harvard Business Review*.

66. Bariso, J. et al. "Google Has an Official Process in Place for Learning From Failure—and It's Absolutely Brilliant". *Inc.*

67. D'Auria, G., & De Smet, A. (2020. 3. 16). "Leadership in a Crisis: Responding to the Coronavirus Outbreak and Future Challenges". McKinsey.

68. Pimentel, B. (2020. 3. 21). "Former Cisco CEO John Chambers Offers these Important Tips for Startups Reeling from the Coronavirus Crisis, Including Not to Immediately Start Cutting Headcount". *Business Insider*.

69. 짐 콜린스 (2002).《좋은 기업을 넘어 위대한 기업으로》. 이무열 역. 김영사.

70. Woodward, Ian C. (2017. 10. 27). "The Three Altitudes of Leadership". INSEAD Knowledge.

71. "Hewlett-Packard Boss Mark Hurd Resigns as Sexual Harassment Probe Uncovers Falsified Expense Reports" (2010. 8. 7). *The Guardian*.